성서, 인간과 세상을 만나다

김형근 지음

성서,

인간과
세상을
만나다

한국학술정보

1

'성서를 잘 모르는 이들도 쉽게 읽을 수 있는 글이면 더 좋겠어요.'

계묘년 새해 첫날 아침, 출간을 앞둔 원고를 정독한 딸의 부드러운 (?) 일침이 귓가에 따끔하게 꽂혔다. 성경에서 도그마를 걷어 내고 고전으로서의 성서를 세상에 알리고픈 아빠의 진심어린 글이 많은 이들에게 읽히길 바라는 소저小姐의 지언知言을 듣고 출간의 소회를 적어본다. 어려운 걸 쉽게 설명할 수 있어야 진짜 아는 것이라는데. 누구라도 읽고 이해할 수 있는 글을 써내리라 다짐했건만 시작부터 실패?!

이 책은 다음의 독자들을 위해 집필됐다.

- '예수 천당, 불신 지옥' 구호에 질린 이들
- 그리스도인은 싫은데 그리스도는 알고픈 이들
- 교회는 싫은데 신을 알고픈 이들
- 경전이 아닌 고전으로서 성서를 알고픈 이들
- 교회는 안 나가고 신앙은 간직하는 소위 '가나안 신자'
- 목사 또는 교주 한 사람에게 맹종하는 일명 '전체주의 신앙'에 염증을 느끼는 이들

- 설교와 성경 공부의 한계를 감지한 이들
- 기독교 도그마에 의해 곡해된 성서 본문이 궁금한 이들
- 내세가 아닌 현세를 위한 성서의 가르침이 궁금한 이들
- 성서가 동서양의 고전 및 철학과 만나는 접점을 확인하고픈 이들

이 책은 성서학과 인문학의 만남을 추구하는 '성서 인문학Biblical Humanities' 수필집이다. 기독교 경전인 바이블을 고전으로 분석하고 연구하는 성서학, 그리고 인간과 인간의 삶에 대해 질문하고 답을 찾아가는 인문학, 이 양자의 컬래버레이션은 융화, 통섭을 지향하는 이 시대의 흐름이며 요청이다. 양자의 만남은 왜 필요하며 만남의 효과는 무엇일까? 그 필요성과 효과는 독자들이 책을 읽으면서 어렵지 않게 발견할 수 있으리라. 여기서는 '성경'을 '성서'로 읽어야 하는 이유를 영특한 소저의 고언에 따라 쉽게(?) 설명해 보고자 한다. 바이블을 성경으로 읽는 것과 성서로 읽는 것은 어떻게 다를까?

이천 년 가까운 기독교 역사에서 바이블은 줄곧 경전으로 추앙받아 왔다. 기독교가 가톨릭교회, 정교회, 개신교로 나뉘어 서로 극심한 갈등과 분열을 겪는 혼란 속에서도 신의 말씀으로서의 바이블의 권위는 확고부동했다. 절대자의 말씀이라는 믿음 아래 성경, 즉 거룩한 경의 지위가 부여된 것이다. 이렇게 신언神言을 필사하고 보전하고 전파하려는 무수한 이들의 땀과 눈물과 피의 대가로 인류 역사상 최고의 베스트셀러 반열에 오른 성경. 하지만 가장 많이 팔린 책이면서 동시에 '가장 읽히지 않는 책'(이하 '워스트 리더worst reader')이 성경이다. 최고의 베스트셀러에게 워스트 리더라는 오명이 붙은 이유는 무엇일까?

2

성경이 가장 많이 팔린 건 기독교 교세 덕분이다. 세계 여러 종교 가운데 기독교 인구가 가장 많다. 2022년 기준, 세계 인구의 약 32%(25억 6천만 명)를 차지하는 기독교 신자들이 거룩한 신의 말씀 책을 소지하지 않을 리 없을 테니 그 가공할 구매력은 여타 종교 경전의 추월을 불허한다. 그렇다면 더욱 궁금해진다. 성경을 신의 말씀으로 철석같이 믿고 또 믿어 목숨걸고 필사하고 보존하고 전파하여 구매했으면 읽고 또 읽어야 마땅하지 않는가. 책장 한쪽 구석에 꽂힌 성경책의 말끔한 외모가 10년, 20년이 지나도 그대로 유지된다는 건 성경을 '영의 양식', '생명의 만나'로 굳게 믿는 그들의 믿음과 맞지 않아 보인다. 영혼을 살리는 '일일 양식daily bread'이 성경이라면 수년 만에도 너덜너덜해질 테니까.

어려워서, 분량이 많아서, 사는 게 바빠서 등등 베스트셀러가 워스트 리더로 추락한(?) 여러 이유가 있을 테지만 필자는 그 이유를 다르게 보고 있다. 교세 확장과 맞물려 최고 판매 부수를 올린 성경이 정작 읽히지 않는 원인은 역설적이게도 그것이 신의 말씀이기 때문이다. 절대자의 말씀을 어렵게 획득한 교회는 그토록 바라던 신의 구원 은총을 확인하곤 이를 교리로 확정하여 신자들에게 공포했다. 교부 어거스틴과 종교개혁자 칼빈을 거쳐 체계화된 불가역적 은총 교리에서 구원의 확정 내지는 구원의 확신을 거머쥔 신자들에게 성경은 구원 보증서로 등극했다. 그런데 바로 이 대목이 화근이었다.

교회가 성경을 근거로 구원 교리를 선포하고 확증하자 신자들이 성경을 읽지 않게 됐다. 신의 말씀이 영생 천국을 보장했으니 딱히 성경을 읽을 필요를 느끼지 못하게 된 것이다. 그저 교회의 착실한 일원으로 살면 되기 때문이다. 구원 보증서 성경책을 들고 교회의 예전에 참여하는 것으로 충분하다고 믿는 신자들에게 성경은 매일 섭취할 양식이 아니라 고이 간직할 '천국 보험 증권'으로 자리매김 되어 버렸다.

이와 같이 성경이 읽을 대상에서 보존 대상으로 굳어진 건 아이러니하게도 성경이 신의 말씀이라는 교회의 믿음 때문이다. 성경을 신의 말씀이라 믿으니 성경이 보증하는 구원 은총은 신이 보증하는 은총이다. 신이 보증하는 은총으로 구원이 보장됐으니 신도들은 믿기만 하면 된다. 어마무시한 분량에다 독해조차 쉽지 않은 책과 굳이 씨름하지 않아도 구원과 축복은 따 놓은 당상이다. 성경을 잘 믿은 결과 성경을 읽지 않게 된 현실. 베스트셀러가 워스트 리더가 된 아이러니는 성경에 대한 교회의 확고한 믿음 때문이었다.

성경을 신의 말씀으로 믿어 성경이 보증하는 구원 은총을 확신한 신자들이 성경을 읽지 않게 되자 교회엔 성경 대신 교리와 설교가 득세하기 시작했다. 방대한 성경의 진리들을 일목요연하게(?) 정리한 교리와 그 교리를 이해하기 쉽게 설명해 주는 설교가 성경을 대신해 교회를 점령하게 된 것이다. 그 결과 성경의 다양한 진리는 몇몇 단일 교리로 수렴되고 설교자(또는 강론자) 한 사람의 성경 해석과 교리 이해에 다수 신자의 신앙이 획일화되는 교회의 단일대오 병폐가 제도권 교회에 만연하게 됐다.

3

교리와 설교에 의한 신앙의 단일대오가 왜 병폐일까? 이천 년 교회사가 그 이유를 노정한다. 초대 교회 이후 제도권 교회의 단일 교리가 제정되기까지 많은 이들이 피를 흘렸다. 이방 세계의 핍박으로 교회가 피를 흘린 게 아니다. 교권을 차지한 교회의 주류 세력에 의해 비주류 신자들이 희생됐다. 이들은 교회의 주류 해석을 따르지 않는다는 이유로 사이비 내지는 이단으로 낙인찍혀 종교재판에 회부됐다. 그리스도를 믿는 이들이 그리스도의 이름으로 열린 종교재판에서 그리스도를 믿는 이들을 단죄하고 처벌한 것이다. 삼위일체론, 기독론, 원죄론 등 제도권 교회의 뼈대를 형성하는 주요 교리들이 제정되기까지 벌어졌던 피의 흑역사는 문헌이나 인터넷을 통해 누구나 확인할 수 있으니 구체적인 언급은 생략하겠다.

필자가 강조하고 싶은 건 제도권 교회의 단일대오 패권, 즉 신자 줄 세우기가 바이블을 성서로 읽어야 하는 당위를 부각한다는 점이다. 바이블이 제도권 교회의 경전으로 확정되어 구원 보증서로 등극하고 교리와 설교가 바이블을 대신하면서 성서의 다채로운 진리의 스펙트럼이 사장됐다. 특히 복음서와 서신서들을 비롯한 27권의 신약 성서 본문 속 다양한 표현과 의미들이 교리에 의해 마구 재단되어 훼손된 채 표구에 갇히고 말았다. 복음서 안의 살아 꿈틀거리는 진리의 편린들이 육중한 도그마의 틀 안에 갇혀 박제돼 버렸다. 교리에 맞지 않는 것은 그것이 성서 본문이건 그리스도를 믿는 형제이건 함구령이 내려졌다. 진리의 형태만 보일 뿐 진리의 소리가 들리지 않는 이유다.

성경을 천국 보험 증서로 표구하여 간직한 교회가 교리와 설교로 신도들을 천국행 대오에 줄 세우는 사이 교회는 성서 본문과 멀어졌다. 성경을 요약한 교리와 그 교리를 해설하는 설교에 길들어진 신자들은 더 이상 성경을 알려 하지 않는다. 교리가 주는 확신과 설교가 주는 위로에 만족한 신도들에게 성경은 예전용 구원 증서일 뿐이다. 설교를 듣기 전 의례적으로 성경 구절을 한 차례 읽고 책을 덮는 신자들에게 성서 본문이 담고 있는 유채색 진리는 무채색 도그마로 변용돼 버렸다. 이와 같이 성서를 경전의 반열에 올려 놓고 교리와 설교에 함몰되어 정작 성서 본문의 깊고 다채로운 의미가 사장되는 안타까운 현실이 이 책의 출간 배경이다.

교리와 설교는 '자기 해석_{eisegesis}'으로 인한 편향성에 치우칠 위험이 크다. 듣고 싶은 것만 듣고 알고 싶은 것만 알려는 확증 편향은 성서 본문을 자신의 선입관이나 가치관의 안경으로 보고 해석하게 한다. 그 결과 성서 본문의 본래 의미, 즉 본문의 '원의原義'를 도출하는 '주해(석의)exegesis'는 실종되고 본문을 자기식대로 이해하는 엉뚱한 해석과 적용이 난무한다. 독자들은 이 책에서 교회의 교리와 설교가 성서 본문의 원의를 벗어나고 심지어 왜곡하는 장면을 확인하게 될 것이다. 동시에 성서 본문이 교리와 설교의 울타리를 넘어 인간 및 세상과 만나고 소통하는 '성서 인문학'의 현장을 보게 될 것이다.

도그마의 틀을 깨부수고 되살아난 성서 본문이 인간과 인생, 그리고 세상을 향해 무엇을 말하는지 "제1부 성서, 인간을 만나다"의

19개 칼럼과 "제2부 성서, 세상을 만나다"의 14개 칼럼에서 확인하기를 기대한다(*칼럼 중 일부는 「크리스천설교신문」, 「크리스천인사이드」에 게재된 바 있음). 특정 종교가 아닌 인류 모두를 위한 책 성서와의 설레는 만남에 여러분을 초대한다!

2023년 동루골 봄동산에서

김형근

목차

제2부 성서, 세상을 만나다

제1부

성서, 인간을 만나다

01.

하이데거:
낯섦의 미학

What seems natural to us is probably just something familiar in a long tradition that has forgotten the unfamiliar source from which it arose. And yet this unfamiliar source once struck man as strange and caused him to think and to wonder.

Martin Heidegger

"익숙한 것이 낯설게 나타나는 경험은
철학의 시작이며 끝이다."-하이데거

하이데거

– 낯섦의 미학

"너희 목마른 자들아 물로 나아오라 돈 없는 자도 오라
너희는 와서 사 먹되 돈 없이, 값없이 와서 포도주와 젖을 사라"

-이사야 55장 1절-

오래전 일이다. 친한 선배가 느닷없이 이사야서 본문을 펼쳐 보이
며 묻는다: '이번 주일 청년부 헌신예배 설교를 부탁받고 이 본문을
골라 준비하는데 여기서 막히는 거야. 이거 어떻게 해야 하나?' 그
가 손으로 짚은 곳은 위 본문의 "돈 없이 값없이 와서 포도주와 젖
을 사라"라는 대목. 서울대 철학과 출신으로 미국의 명문대에서 신
학박사 학위를 받고 귀국해서 대학에 재직 중인 소위 '엘리트 교수'
가 이 본문에서 뭐가 막힌다는 건지 혹시 독자 여러분은 눈치챘는가?

Come, buy..without money
and without cost.

Isaiah 55:1

익숙한 본문과의 낯선 만남

포도주와 젖을 돈 없이 와서 구매하라? 교회 출석 34년, 신학 공부
18년, 교역자 경력 16년…신앙 경력 총합이 68년인 신학박사도 모
르는 건 모르는 것. 구약 성서 중 가장 많이 알려지고 가장 자주 설
파되는 본문이라고 해도 과언이 아닌, 누구나 아는 일명 '파끝 본
문'(파악이 끝난 본문)은 그 인기만큼이나 홀대를 받고 있다는 사
실을 독자들은 아는가? '다 아는 구절인데 뭐!' 사람들은 다 안다고
하면 더 알려고 하지 않는다. 돈 없는 자를 초청해 놓고 포도주와
젖을 구매하라는 건 논리적 모순이다. 이 뻔한 모순을 알아차리지
못한 채 두루뭉술 처리해 온 68년 신앙 경력의 목사는 후배의 즉석
강의를 들으며 연신 고개를 끄덕였다. 다 안다고 여겨 더 알려고 하
지 않았던 파끝 본문을 홀대했던 대가를 그는 톡톡히 치렀다. 등잔
밑이 어둡다는 속담이 맞았다고 해야 할까? 교회의 최애 본문이 실
상은 최악의 몰이해 본문이었다.

　이른바 '구약 성서의 메시아 초청장'으로 알려진 이사야서 본문

은 메시아 구원의 요체를 담지한 덕(?)에 자주 읽히면서도 자주 홀대받아 왔다. 사람들은 메시아 초청장의 내용을 다 안다고 여긴 나머지 초청 문구의 모순을 읽어내지 못했다. '앎의 맹목' 또는 '눈면 앎'이라고 할까? 돈 없는 자를 잔치에 초청해 놓고 포도주와 젖을 구매하란다. 누가 보더라도 이 초청은 모순일 뿐 아니라 피초청자에 대한 몰예의다. 구원 잔치에 가난한 자나 없는 자 누구나 오라고 했으면 '포도주와 젖을 마시라'든가 '포도주와 젖을 받으라'라고 해야 맞지 구매하란 말이 가당키나 한가. 이사야의 실수인가? 아니면 단순한 오기誤記일까? 흥미로운 건 이사야의 초청장과 비슷한 초청장이 성서 다른 곳에도 있다는 사실이다.

> "성령과 신부가 말씀하시기를 오라 하시는도다 듣는 자도 오라 할 것이요 목마른 자도 올 것이요 또 원하는 자는 값없이 생명수를 받으라 하시더라"(요한계시록 22:17)

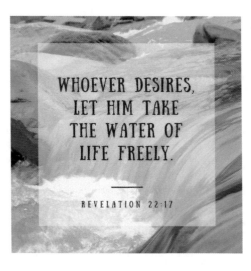

요한계시록 마지막 장의 위 본문은 장엄한 우주적 심판 파노라마가 대단원의 막을 내린 뒤 교회들에 보낸 구원 초청장이다. 문맥과 언술들이 이사야 초청장과 매우 유사한

데 '포도주와 젖' 대신 '생명수'가, '구매하라' 대신 '받으라'가 언급 됐다. 이사야의 '값없이 구매하다'(이하 '무전구매無錢購買')가 계시 록에서는 '값없이 받다'로 치환된 것이다. 문법과 논리는 계시록의 '값없이 받다'가 맞다. 이사야의 초청이 미래에 성취될 메시아 구원 에로의 초청이라면 계시록은 이미 성취된 구원에로의 초청이다. 구 원 성취 전후라는 시점상의 차이 때문에 '구매하라'가 '받으라'로 바뀐 것일까? 그렇다 해도 요한계시록의 '값없이 받다'라는 표현이 이사야의 초청장에는 사용되지 않고 문법과 논리를 거스르는 기괴 한(?) 표현이 택용됐다는 건 이사야 구원 초청의 성격과 관련한 어 떤 함의를 갖는다고 추정할 수 있는 대목이다. (*이사야서의 무전 구매 초청에 관한 자세한 논의는 필자의 책 『성서 휴머니즘』(한국 학술정보, 2017)의 "제7장 네 번째 기도" 참조)

무전구매, 천상의 논리

결론부터 말하면, 초청문은 이사야의 실수도, 필사자筆寫者의 오기 도 아니다. "돈 없이 값없이 와서 포도주와 젖을 사라"를 원문대로 번역하면 '와서 돈 없이 값없이 포도주와 젖을 구매하라'인데, 논리 적 모순이 명백한 이 초청문에는 역설적이게도 성서적 구원론의 요 체가 담겨있다. 무전구매는 땅의 논리가 아닌 하늘의 논리다. 이런 개념은 세상에 없다. 무엇을 구매하려면 돈을 지불하든가 값에 해 당하는 물건이나 노동을 제공하는 게 세상의 이치다. 그런데 천상 의 구원은 구매하는 것은 맞는데 돈이나 물건, 노동의 제공 없이 구 매하는 것이란다. 문법으로도 상식으로도 설명이 안 되는 이사야서의 초청문을 어떻게 이해해야 할까?

'성서는 성서로!' 땅의 논리로 풀 수 없을 때는 이 방법이 최선. 그날 선배 목사는 성서를 성서로 해석하라는 종교개혁자 칼빈 문도로서의 자긍심을 만끽했을 게 틀림없다. 천상의 구원 초청장에 배태된 불가해 난제가 성서의 다른 본문의 도움으로 해결되는 걸 목도했기 때문이다. '돈 없이 값없이'와 '구매하다'는 연계 불가의 개념들이다. '돈 없이 값없이 받다' 또는 '돈 주거나 값을 치러서 구매하다'가 상식이고 세상 이치다. 그런데도 이사야 선지자는 연계 불가의 두 개념을 연결해서 천상의 구원으로 초대한다. 돈 없이, 값없이 구원을 구매하라는 이사야의 초청은 초대받은 이들에게 마뜩잖은 초청이 아닌가?

구원은 예수 그리스도의 대속 은혜를 힘입어 무료로 '받는 것'인데 그 구원을 구매하라니. 이 황당한(?) 초대에 어떻게 응해야 할지, 무엇을 준비해야 할지, 초대에 응하고 싶은데 방법을 몰라 망설이는 이들을 위해 성서의 다른 곳에 주석이 마련돼 있다. 이사야서 구원 초청의 비의秘義를 규명해 줄 열쇠는 신약 성서 마태복음에 있다. 마태복음의 소위 '천국 비유록'(13장) 중 감춰진 보화 비유는 돈 없이 값없이 구매하는 천상의 구원의 모순적 비의를 노정한다.

"천국은 마치 밭에 감추인 보화와 같으니 사람이 이를 발견한 후 숨겨두고 기뻐하여 돌아가서 자기의 소유를 다 팔아 그 밭을 사느니라"(마태복음 13:44)

비유의 얼개는 이렇다: 천국에 비유된 보화가 밭에 묻혀 있다, 소작농으로 보이는 사람이 보화를 발견한다, 그런데 그는 보화를 다시 밭에 숨긴 후 기뻐하며 귀가한 뒤 전 재산을 처분해서 밭을 산다. 요약하면, 밭에서 보화를 발견한 사람이 보화를 다시 밭에 숨겨둔 뒤 재산을 처분해서 그 돈으로 밭을 구매한다는 내용이다. 앞에서 본 이사야의 무전구매 초청이 비유의 논리와 맞아 떨어진다. 비유에서 소작농은 보화를 돈 없이 구매했기에 그렇다. 소작농이 값을 치른 건 밭이지 보화가 아니다. 밭 주인은 밭의 값을 받고 밭을 팔았고 소작농은 밭의 값을 지불하고 밭을 구매했다. 결국 소작농은 보화의 값이 치러지지 않은 상태에서 밭을 구매했으니 무전구매가 맞다. (*잦은 전쟁과 불안정한 사회 상황 때문에 보물이나 재물을 땅속에 보관하던 당시에는 소유주가 불분명한 발견물은 발견자의 소유로 인정되었다.)

비유의 서사가 묘하다. 보화를 수중에 넣었는데 보화의 값은 지불되지 않았다? 그러면 보화는 구매한 것인가 아닌가? 소작농 입장에서는 밭 주인에게 밭 대금을 지불했으니 구매가 맞는데 보화의 값은 지불되지 않았다. 따라서 보화와 관련해서 볼 때 소작농의 구매는 보화의 값이 지불되지 않은 구매, 즉 '돈 없는 구매, 값없는 구매'가 되는 것이다. 보화가 묻힌 밭을 구매하여 보화를 얻는다는 비유의 서사는 이사야 구원 초청의 비의를 정확히 관통한다. 돈 없이, 값없이 구매하라는 수수께끼 같은 초청 논리가 비유에서 실현된 것이다. 보화, 곧 천국(구원)의 무전구매는 이렇게 이뤄진다는 것이 비유를 통해 확인됐다.

낯섦의 철학과 성서

신학 교수가 이사야서의 파끝 본문을 놓고 씨름했던 진짜 이유가 있다. 그가 전공한 조직신학, 즉 기독교 교리의 관점에서 구원, 곧 신의 은총은 '공로 없이 받는 것'이기 때문이다. '공로 없이'란 '값 없이'와 같은 의미이다. 그리스도의 대속의 은혜는 (인간의) 아무 공로 없이 주어지는 것이다. 아니, 주어지는 것이어야 한다. 그것이 기독교, 특히 개신교의 핵심 교리다. 그리스도의 구원은 인간이 무엇을 해서, 어떤 선행이나 공적을 세워서 받는 보상이 아니라 아무 공로나 선행을 하지 않았어도 거저 주어지는 은혜다. 그런데 이사야 초청장의 무전구매에서 '구매'가 함의하는 인간의 공로(또는 선행) 주제가 이 불가침 교리를 침범하는 게 아닌가. 그리스도의 대속 은총은 거저 받는 것이다. 인간이 구매할 필요가 없고 구매할 수도 없는 것을 구매하라니 교리 전문가인 조직신학 교수가 혼란에 빠질 수밖에.

'거저 받는 구원에로의 초청.' 너무도 뻔해서 새로울 것이 없던 이사야 본문에서 그가 한 걸음도 떼지 못한 건 다 안다고 자부했던 본

문이 갑자기 낯설게 다가왔기 때문이다. 익숙한 본문이 낯설게 나타나는 경험을 철학자 하이데거M. Heidegger는 철학의 시작이며 끝이라고 갈파한 바 있다. 익숙하던 그것이 낯설고 경이롭게 다가오는 건 '그것'에 배태되어 있는 풍요를 방증한다는 하이데거의 통찰은 가장 익숙한 것의 익숙하지 않음을 발견할 때의 놀라움이 철학의 추동력임을 언명한다. 그렇다면 그날 이사야서 본문과의 낯선 조우는 철학도였던 교리 전문가를 다시금 철학의 자리로 돌아오게 한 것이 아닌가.

필자 역시 오래전, 파끝 본문이었던 감춰진 보화 비유를 낯설게 만났다. 그때 충격과 놀라움으로 본문 속을 이리저리 질주하면서 성서에 관한 사유의 지평이 열리는 경험을 했다. 이사야의 예언이 선언한 무전구매 구원은 세상의 논리론 불가해한 천상의 원리다. 논리상 결합하지 않는 두 개념 '돈 없이'와 '구매하다'의 신묘한 케미를 감춰진 보화 비유에서 확인한 순간 진리의 폭포수가 분출하는 경이를 체험했다. 하이데거가 갈파한 바와 같이, 지식의 축적으로 결코 감소하지 않는 사유의 경이로움은 익숙한 것이 더 이상 익숙하지 않는 그 순간의 통제되지 않는 풍요가 지속 가능한 현상임을 필자로 하여금 체득하게 했다.

익숙한 건 편하지만 무료하기도 하다. 심리학자들에 따르면 인간이 가장 견디기 힘들어하는 건 가난도 질병도 이별도 아닌 심심함이라고 한다. 미국 버지니아대학교 연구팀의 실험에서 참가자 중절반 이상이 단 15분의 무위無爲 상황(아무것도 없는 방 안에서 15분간 아무것도 하지 않고 앉아 있기)을 견디지 못하고 탈락했다고 한다. 익숙해서 무미無味했던 성서 본문과의 낯선 만남은 필자로 하여금, 밭에 묻힌 보화를 발견한 그 소작농처럼, 전 재산을 처분해도 아깝지 않을 생의 보물을 돈 없이 구매하는 신나는 일상을 살게 했다.

18년 전 그날, 도그마가 성서 본문과 충돌하는 걸 확인한 선배는 익숙한 도그마의 울타리를 넘어 성서 본문과의 낯선 만남을 지금도 이어가고 있을까? 아니면 익숙한 도그마를 익숙한 강단에서 익숙한 톤으로 아직도 되뇌고 있을까? 성서의 '돈 없이 구매하는' 구원 초청과 도그마의 '돈 없이 받는' 구원 초청. 독자들은 어느 초청에 응하고 싶은가?

02.

마기꾼:
팬데믹 시대 마스크 미학

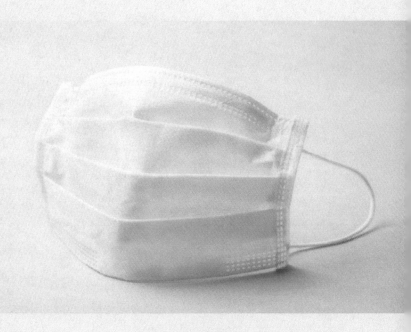

"마스크 미학이 인류의 삶에 새로운
활력이 될지 연인 간 추파를 교란할지."

마기꾼

– 팬데믹 시대 마스크 미학

"사람은 외모를 보거니와 나 여호와는 중심을 보느니라"

-사무엘상 16장 7절-

'마스크를 쓰니까 더 이쁘다!' 마스크가 생활필수품이 된 요즘, 코로나 팬데믹으로 지쳤을 법도 한데 사람들이 예뻐졌다. 내 마음공부가 잘돼서 예뻐 보이는 걸까? 그럴 리가. 꽃무늬 마스크가 예뻐서일까? 글쎄! 화려한 디자인이 없는 일반 마스크를 쓴 경우도 맨얼굴보다 더 좋아 보였다. 여자나 남자나, 아이나 어르신이나 마찬가지였다. 내 말을 듣고 유심히 살피던 아내도 그런 거 같다며 신기해하는 걸 보면 내 눈에만 그렇게 보이는 건 아니었다. 잘생긴 얼굴도, 그렇지 않은 얼굴도 마스크 착용 후의 용모가 더 돋보였다.

초면의 경우는 확실히 그랬다. 카페에서 대화를 나누다가 상대방이 커피를 마시려고 마스크를 내렸는데 살짝 당황, 그리고 실망. 마스크를 착용한 모습이 훨씬 좋았기 때문이다. 방송에 출연한 외국인이 마스크를 벗은 채 인터뷰를 하다가 화면이 바뀌면서 마스크를 착용한 모습으로 나타났다. 같은 사람이 맞나 싶었다. TV 화면에서 본 사람이나 실제 만나본 사람이나 마스크 착용 후 용모가 더 보기 좋았다. 동양인이든 서양인이든 청년이든 노인이든 마스크를 착용한 모습이 착용하지 않을 때보다 예쁘고 멋있었다.

마스크 미모

남들 얼굴만 그런 게 아니었다. 마스크를 쓴 셀카 사진 속 내 모습은 마스크를 안 쓴 것보다 확실히 잘생겨 보였다. 이유가 뭘까? 콤플렉스였던 긴 하관이 가려진 때문인가? 얼굴 부위 중 주름이 가장 많은 눈가는 그대로인데도 눈 아래를 마스크로 가린 내 모습은 더(?) 잘생기고 예뻤다. 육십을 앞둔 대머리 신사를 잘생쁨 외모로 탈바꿈시킨 마스크의 마법은 어떻게 설명할 수 있을까? 일명 '마스크 미모' 현상은 단순한 착시일까? 외모만으로 사람을 평가하지 말라는 성서의 교훈이 있지만 마스크 미모 현상은 부정할 수 없는 현실이다.

2022년 1월 10일, 영국 카디프대학교 마이클 루이스Michael B. Lewis 교수팀의 마스크 착용 관련 흥미로운 논문이 국제 학술지 《Cognitive Research: Principles and Implications》에 발표됐다. 마스크 착용과 외모 호감도의 관련성에 관한 실험에서 연구팀은 43명의 실험 참가 여성들에게 남성 40명 각각의 마스크 미착용 사진, 천 마스크 착용 사진, 파란색 의료용 마스크 착용 사진, 그리고 검

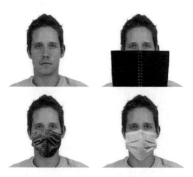

출처: "Beyond the beauty of occlusion: medical masks increase facial attractiveness more than other face coverings", *Cognitive Research: Principles and Implications*, (2022) 7:1

은색 노트로 눈 아래를 가린 사진을 보여 준 뒤 호감도를 1점에서 7점 만점 기준으로 평가하게 했다. (*피실험자 남성 40명은 만 18세에서 30세까지의 다양한 인종으로 구성됐으며 얼굴에 피어싱이나 안경 등 어떤 장식물도 없는 상태로 잘생긴 얼굴과 못생긴 얼굴 각각 20명씩 선정됐다.)

평가 결과, 호감도는 맨얼굴〈노트〈천 마스크〈의료용 마스크 순으로 맨얼굴보다 마스크나 노트로 가린 사진이 더 높은 호감도 점수를 받았다. 가장 높은 점수를 받은 의료용 마스크 사진의 경우 맨얼굴에 비해 잘생긴 얼굴은 10%, 못생긴 얼굴은 16%가량 호감도가 상승했다. 루이스 교수는 실험에서 나타난 마스크 미모 현상을 뇌의 작동 원리 측면에서 설명했다. 인간의 뇌가 상상과 과장을 통해 마스크로 가려진 하관 부분을 미화해서 이상적인 형상을 상정한 결과 마스크 착용 모습에 호감이 갔다는 분석이다. 4장의 사진을 보여주는 순서의 변동에 따른 호감도 변화라든가, 실험 참가자가 남성이고 피실험자가 여성일 때 또는 양자가 동성일 때의 호감도의 차이 등에 관한 실험은 이번 연구에 포함되지 않았지만 마스크 미모 현상은 이미 다른 연구들을 통해서도 입증된 바가 있다.

마스크 착용이 이성에 대한 호감도 상승과 관련이 있다는 연구 결과가 코로나 팬데믹으로 지친 지구촌에 활력소가 될 수 있겠다는 기대감은 그런데 예상치 못한 복병을 만났다. 소위 '마기꾼' 효과가 그것이다. '마스크 사기꾼'의 줄임말인 이 신조어는 마스크 쓴 모습에 느꼈던 호감이 마스크를 벗은 모습을 보고 비호감으로 역전되는 상황을 풍자한 말이다. 유튜브에는 사람들의 마스크 착용 전후 외모를 비교해서 호감도 차이가 큰 사람을 마기꾼으로 선정하고 이들의 순위를 매기는 영상들이 많이 올려져 있다. 순위에 오른 마기꾼들의 비포/애프터 사진을 보면 마기꾼이란 말에 수긍이 간다는 반응들이다.

아이 뷰티

마기꾼 효과의 실제 사례가 일본에서 있었다. 결혼 정보 업체를 통해 의사를 소개받은 40대 요가 강사 A는 마스크를 착용한 남성의 진실한 눈빛과 단정한 외모가 맘에 들어 만난 지 2개월 만에 혼인 신고와 함께 동거에 들어갔다. 그런데 행복할 것 같았던 부부에게 위기가 찾아왔다. 위기의 발단은 남편의 얼굴이었다. 연애 시절 줄곧 마스크를 쓰고 교제하다가 결혼 후 같이 살면서 마스크를 벗은 남편의 하관을 본 A는 충격에 빠졌다. 잘생긴 눈과 달리 불규칙한 치열과 심한 뻐드렁니, 그리고 두꺼운 입술이 비호감을 넘어 결혼을 후회할 만큼 맘에 안 드는 것이었다. 이후 부부의 결혼생활은 순탄하지 못했다. 남편의 얼굴에 크게 실망한 A는 남편의 스킨십을 거절하기 일쑤였고 급기야 부부의 성생활까지 문제가 됐다. 결국 두 사람의 관계는 틀어져 파탄에 이른 것이다.

A의 전남편을 마스크 사기꾼으로 봐야 하는지는 논외로 하겠다.

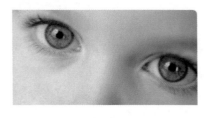

다만 필자는 마스크로 맺어진 인연이 마스크 때문에 파경을 맞이했다는 웃픈 실화가 사람의 눈을 부각한다는 것에 방점을 찍고 싶다. 상대의 눈을 보고 가진 호감이 눈 아래 하관 때문에 사라진다면 눈을 주목하는 건 자연스러운 귀결이 아니겠는가. 얼굴 전체보다 하관이 가려진 얼굴이 더 이쁘고 잘생겨 보이는 게 뇌의 자발적(?) 착오 때문이라는 과학적 분석은 인간의 눈이 가진 원초적 아름다움을 함의한다고 볼 수 있다. 눈만으로 호감이 가서 결혼까지 이어질 수 있다는 건 하관의 호감도와 관계없는, 즉 하관의 생김새와 무관한 아이 뷰티eye-beauty의 원초성을 노정하기 때문이다.

눈은 인간에게 내재된 원초의 미를 담고 있었다. 아이의 눈도 노인의 눈도 눈만은 예뻤다. 사람의 마음 깊은 곳에 자리한 순수미를 눈을 통해 직관한 소이연이리라. 지난 2022년 5월 마스크 실외 착용 의무가 해제된 데 이어 2023년 1월 30일부터 마스크 실내 착용이 의무에서 권고로 전환됐다. 그런데 사람들은 그리 반가워하지 않는 표정이다. 시기상조라는 우려 때문일까? 아니면 마스크 착용이 생활의 일부가 돼 버린 걸까? 거리의 사람들은 여전히 마스크를 쓰고 있었다.

방역 완화에 맞물려 화장품 판매량이 늘고 피부과 예약이 증가하고 있다는 보도다. 마스크를 벗으면 다시 드러날 하관을 관리하기 위해서라는 분석과 함께 하관 성형도 증가할 것이라는 관측도 있다. 면도기와 면도 관련 용품들도 덩달아 판매가 늘어나고 있으며 뜸했던 홈쇼핑의 면도기 판매 방송도 활기를 띨 것으로 보인다. 마스크 덕에 주 1회 면도로 생활의 여유(?)를 누려 온 필자의 하관 단장도 다시 바빠지게 됐다. 마스크 착용은 얼굴 하관의 미적 가치와 눈의 원초적 미를 재인식하는 계기가 되었다. 또 불결과 범죄의 상징이던 마스크가 코로나 이후엔 위생과 신뢰의 표상이 됐다.

팬데믹이 촉발한 마스크 미학이 인류의 삶에 새로운 활력이 될지, 아니면 마기꾼 효과가 연인 간 추파秋波를 교란할지는 앞으로 지켜볼 일이다. 마스크 착용에 따른 호감도 상승에 있어서 잘생긴 얼굴보다 못생긴 얼굴의 호감도 상승 폭(10% 대 16%)이 더 크다는 연구 결과와 하관 커버로 자신을 숨기는 익명 효과까지 더해 팬데믹발發 마스크 미학은 지구촌의 새로운 트렌드로 자리매김할 것 같다.

실외 마스크 해제 다음 날, 거의 2년 만에 마스크를 벗고 거릴 나섰는데 좀 어색하단 느낌은 필자뿐일까? 맨살을 드러낸 느낌? 얼마 못 있어 마스크를 다시 썼다. 그 후 한 달여 지난 오늘 아침, 얼마 전 이사 오신 동네 어르신의 생얼(?)을 첨 봤다. OMG! 완벽한 팔순의 마기꾼이었다! 사람을 겉모습으로 판단하지 말고 됨됨이를 보라는 성서 본문은 팬데믹 현실에서 용도 폐기돼야 할까? 아니면 지금 이 시간에도 파트너의 하관 문제로 고민에 빠진 지구촌의 마기꾼 커플들에게 또렷하게 들려져야 할까?

안티άντί:
안티는 정말 안티인가

안티

anti 어떤 인물이나 집단에 거부감을 보이며 반대 의사를 표하는 사람이나 무리.

"어둠은 빛의 반대, 곧 빛의 안티이다.

어둠이 있어서 빛은 빛답다."

안티ἀντί

- 안티는 정말 안티인가

"우리가 다 그의 충만한 데서 받으니 은혜 위에 은혜러라"

-요한복음 1:16-

바야흐로 안티 시대다. 인터넷과 SNS상에서 안티들의 활약(?)이
눈부시다. 특정 기사나 사건에 대한 안티 댓글과 안티팬들에 의해
여론이 뒤바뀌는 경우도 비일비재하다. 연예인이나 정치인 등 유명
인들에 대한 음해성 댓글들이 익명성을 빌어 사이버 테러를 가한
다. 비단 유명인들뿐 아니라 평범한 사람들도 테러의 대상에서 예
외가 아니다. 익명을 악용해 가해지는 무차별적인 모함이나 비방성
글들로 인한 스트레스로 일상생활을 이어가지 못하는 사례들이 급
증하면서 안티는 이제 사회적인 문제로 대두되고 있다. 표현의 자
유라는 미명 아래 내가 싫어하는 대상을 적대시하고 무자비한 공격

을 퍼붓는 안티 운동, 과연 이대로 괜찮은가? 상대를 악마화하여 끝장을 보는 게 안티 운동의 본질일까?

염증 치료제인 안티푸라민, 잇몸질환 예방 치약인 안티프라그 안티톡스 치약, 피부 노화 방지 안티에이징 화장품에서 컴퓨터 백신 안티바이러스에 이르기까지 일상생활에서 널리 사용되는 '안티anti'는 보통 '반대', '저항'의 의미로 쓰인다. 그런데 영어 anti의 어원인 헬라어 '안티ἀντί'에는 '반대', '저항'의 의미 외에도 '~대신에instead of', '~를 위해on behalf of'라는 뜻이 있다.

> "너희 중에 아비 된 자 누가 아들이 생선을 달라 하면 생선 대신에 뱀을 주며"(누가복음 11:11)

> "인자가 온 것은 섬김을 받으려 함이 아니라 도리어 섬기려 하고 자기 목숨을 많은 사람의 대속물로 주려 함이니라"(마태복음 20:28)

중의적 의미의 안티

누가복음 11장 11절의 "대신에"가 안티다. 생선 대신에 뱀을 주겠느냐는 반문에서 안티는 반대, 저항이 아닌 대체를 의미한다. 마태복음 20장 28절에서 "많은 사람의"를 직역하면 '많은 사람을 위해(=안티)'가 된다. 중의적 단어가 아닌가, 라는 생각이 들 정도로 안티는 반대, 저항이란 의미와 '~를(을) 위해'라는 의미까지 서로 대조적인 의미들을 보유한다. '안티 카페'는 특정 유명인을 싫어하는 안티팬들이 온라인상에서 만든 모임이란 의미이기도 하지만 음료를 파는 일반적인 카페가 아닌 다른 용도로 사용되는 대체제代替製 카페를 뜻하기도 한다. 헬라어 안티의 중의적 의미는 반대를 위한 반대, 섬멸을 위한 저항에 경도傾倒된 작금의 안티 운동에 의문을 제기한다: '안티는 정말 안티인가?'

"우리가 다 그의 충만한 데서 받으니 은혜 위에 은혜러라"(요한복음 1:16)

위 본문은 예수 그리스도 안에 신의 은총이 풍성하다는 의미다. 본문 중 "은혜 위에 은혜"에서 "위에"가 안티인데 이 말은 '은혜를 반대하는 은혜'란 의미가 아니라 '은혜를 위한 은혜', '은혜를 대신하는 은혜'를 뜻한다. 여기서 안티는 앞의 은혜와 뒤의 은혜가 서로 반대이거나 뒤의 은혜가 앞의 은혜를 적대시한다는 의미일 수 없다. 마태복음 20장 28절에서도 보았듯이 안티가 의미하는 '대신'은 상대를 제거하거나 멸절시킨 후 그 자리를 차지하는 파괴성 내지는 적대성敵對性의 대체가 아니다. 본문 "은혜 위에(=안티) 은혜"에서 안티는 기존 은혜를 배제 또는 제거하는 대체가 아니라 기존 은혜를 긍정하고 이를 발전적으로 계승하는 대체를 뜻한다(마태복음 2:22; 17:27; 고린도전서 11:15 참조).

헬라어 안티의 중의적 의미와 성서에서의 용례들을 종합해 보면 안티는 '발전적 대안을 내포한 반대'라고 정의할 수 있다. 반대를

위한 반대가 아니라 대안을 제시하는 반대, 상대를 궤멸하기 위한
저항이 아니라 상대를 완성하기 위한 저항이 성서에서의 안티의 용
법이다. 상대방의 발전을 위한 반대 또는 저항이 안티의 성서적 의
미인 것이다. 어둠은 빛의 반대, 곧 빛의 안티이다. 어둠은 빛을 싫
어하고 또 빛을 미워하기까지 한다(요한복음 3:20). 하지만 어둠이
있어서 빛은 빛답다. 밤이 깊을수록 밤하늘의 별빛은 더욱 영롱하
고, 어둠이 짙을수록 여린 촛불은 더욱 빛난다. 빛을 반대하는 어둠
에 의해 빛은 더욱 빛다워진다.

안티 때문에, 안티 덕분에

> '세찬 바람 불어오면 벌판에 한 아이 달려 가네
> 그 더운 가슴에 바람 안으면 아름다운 그이는 사람이어라'
> — 김민기 작시 "아름다운 사람" 중

가슴을 파고드는 겨울바람은 광
활한 들판에 홀로 서 있는 아이
에겐 안티임이 틀림없다. 거세
게 몰아치는 바람 때문에 걸음
을 떼는 것조차 힘겹다. 그러나
아이는 물러서지 않고 한 걸음
한 걸음 나아간다. 잠시 바람이 잦아들자 아이는 달리기 시작한다.
차가운 바람이 온몸을 막아서지만 그는 달리고 또 달린다. 어느새
이마에는 땀방울이 맺히고 더워진 가슴은 초겨울 한풍을 녹이고 있

었다. 추위에 굴하지 않고 뜨거운 가슴으로 벌판을 내달린 그가 아름다운 건 안티를 이겨냈기 때문이리라. 안티 때문에, 아니 안티 덕분에 그의 진미眞美가 광휘光輝를 발한 것이리라.

가라지는 곡식을 곡식답게 하는 곡식의 안티였다. 곡식은 가라지의 저항과 방해를 극복하면서 알찬 낱알들을 맺기 때문이다. 가라지를 제거하지 말고 곡식과 함께 자라게 두라는 이천 년 전 성서의 통찰이 번득인다(마태복음 13:24~30 참조). 장 속 유해균과 혈관 속 나쁜 콜레스테롤LDL은 인체의 면역을 강화하는 건강의 안티였다(칼럼 〈프레너미frenemy: 함께 사는 세상(3)〉 참조). 그랬다. 아파야 산다. 병이 생겨야 병과 맞서 싸우는 면역 첨병들의 전투력이 향상된다. 그래서 질병은 생명의 안티다. 죽어야 산다. 죽음은 부활로의 관문이다. 예수는 자기 죽음을 가로막는 제자를 마귀로 규정했고(마태복음 16:21~23) 자신을 체포하려는 이들에게 칼을 뽑아든 제자에겐 칼로 망할 것이라고 경고했다(마태복음 26:51~52). 그의 죽음은 부활의 안티였다.

이른바 '기적의 놀이터'를 구상하고 제작한 디자이너가 내건 기치는 '위험해야 안전하다'이다. 기존의 안전한 놀이터에 싫증을 느낀 아이들이 미끄럼틀을 거꾸로 타다가 머리가 깨지고 그네 위에 올라서서 타다 떨어져 팔이 부러지는가 하면, 바닥에 깔린 추락 대비용 탄성 고무 매트는 발암물질로 아이들을 위협하고 있었다. 안전하니 재미없고 재미없어서 진짜 위험해진 놀이터에서 기존의 놀이기구를 걷어내고 적당한 위험 요소들이 산재한, 마치 그 옛날 동네 개구쟁이들의 골목 같은 공간을 아이들에게 내어주면서 그는 말

했다: '아이들에게 멍들 권리를 돌려주자. 조금씩 다쳐야 크게 안다친다.' 그 흔한 그네, 미끄럼틀조차 없는 평범한 공간이 기적의 놀이터로 변모한 이유는 무엇일까?

해마다 환절기가 되면 어린이집 아이들은 대부분 한두 차례씩 감기에 걸리곤 했다. 한 아이가 걸리면 그 반 아이들은 예외가 없었다. 다른 교실도 상황은 비슷했다. 그런데 유독 감기가 피해 가는 (?) 남매가 있다. 3년을 지켜봤는데 남매가 감기에 걸리는 걸 못 봤다. 왜 그럴까? 집엘 가봤다. 편부 가정이었는데 현관부터 거실, 방까지 옷들과 물건들이 나뒹굴었고 집안과 아이들 옷에서는 퀴퀴한 냄새가 났다. 손발과 얼굴을 잘 안 씻어서 꾀죄죄해 보이는 남매가 감기에 잘 안 걸리는 이유는 무엇일까. 적당히 지저분한 환경이 남매 건강의 안티가 아니었을까? 유해균, 나쁜 콜레스테롤 등 안티들이 모두 제거된 인체의 면역이 좋을 수 없다는 의학적 사실이 남매의 몰沒 감기 비결이 아닐까. 안티는 정말 안티인가?

04.

안티 부부:
달라도 잘 살더라

"부부 각자의 다름을 고쳐 취미와 습관을 통일하면

결혼생활이 더욱 화목하고 행복해지는 건가요?"

안티 부부

- 달라도 잘 살더라

'부부가 서로 안티 하면 어떻게 살아요?'

부부 상담을 전공한 박사 내외와 함께 식사하고 차담을 나누던 중 우리 부부를 안티 부부라고 소개하자 걱정하듯 반문했다. 상담 전문가의 톤으로 연달아 묻는 박사 부부에게 해명 아닌 해명을 해야 했던 당시 상황은 지금도 웃픈 기억이다. 해명은 이랬다: '우리 부부는 외모에서부터 성격, 생활 습관, 식습관까지 반대다. 달라도 너무 다르다. 연애 시절부터 그 다른 점 때문에 충돌이 잦았다. 신혼 초엔 상대를 고쳐보겠다고 티격태격하기 일쑤였지만 서로의 차이점은 좀처럼 좁혀지지 않았다. 세월이 지나 조금씩 상대의 다른 점들을 이해하게 됐지만 결혼 33년 차 부부의 안티는 지금도 진행 중이다. 그

런데 살다 보니 안티가 꼭 안티만은 아니더라. 충돌하는 일들로 힘들었던 건 사실이지만 상대의 다름을 이해하고 인정하면서 오히려 다름이 서로를 보완하고 부부 사이의 윤활제 역할을 한다는 걸 체득하게 됐다.'

탈상담학적 부부

부부 사이를 라이벌 관계로 규정하는 탈脫상담학적(?) 부부관을 박사 내외는 생경스러워 했다. 해명 뒤에도 내외의 훈계와 설득은 한동안 이어졌지만 라이벌 부부에게 이상적인 부부관을 심어주려는 그들의 노력은 별무소용. 다른 점이 너무 많아 지인들마저 걱정하는 우리 부부. 과연 얼마나 다를까? 남편이 싫어하는 달걀 반숙을 아내는 아주 좋아한다. 김치나 시금치를 자르지 않고 길쭉하게 손으로 찢어 먹는 맛을 좋아하는 아내와 달리 남편은 그 맛을 모른다. 남편이 좋아하는 비빔밥과 잡탕찌개를 아내는 싫어한다. 고기를 먹을 때 남편은 밥을 고기와 같이 먹어야 하지만 아내는 밥 없이도 고기를 잘 먹는다. 남편은 설렁탕에 밥을 말아 먹는데 아내는 말아 먹지 않는다.

남편은 카페라테를, 아내는 아메리카노를 좋아한다. 남편은 아내의 최애 음식 게요리를 좋아하지 않고 아내는 남편의 최애 음식 순

댓국을 싫어한다. 갸름한 얼굴의 곱슬머리 남편과 달리 아내는 둥근 얼굴의 직모 헤어. 식사 후 출근 준비하는 남편과 달리 아내는 출근 준비를 끝내고 식탁에 앉는다. 그래서 부부가 함께 식사하는 건 하늘의 별따기(?). 식후 디저트를 남편은 안 좋아하지만 아내는 좋아한다. 남편은 샤워를 안 좋아하는데 아내는 좋아하고, 남편은 싱크대 수돗물을 분사식으로 틀어놓고 설거지를 하는 데 반해 아내는 한 줄기식으로 해서 설거지를 한다. 남편이 좋아하는 배드민턴과 윷놀이를 아내는 안 좋아하고, 남편은 옆으로 아내는 엎드려 잔다. 남편이 독서와 음악 감상을 즐기는 동안 아내는 자전거를 타고 강변 라이딩을 즐긴다.

이 외에도 부부의 안티는 이어진다. 주말 외출 후 저녁 식사를 하기로 한 부부는 집 근처 음식점에 들러 아내는 감자옹심이를, 남편은 순댓국을 먹었다. 맛있는 저녁 식사로 하루 여행을 마무리하는 훈훈한 장면을 예상한 독자들은 실망할지 모르겠다. 부부가 이용한 음식점은 감자옹심이와 순댓국을 같이 파는 곳이 아니었다. 아내는 감자옹심이 식당을, 남편은 순댓국 식당을 각각 따로 가서 먹었다. 아내는 남편이 좋아하는 순댓국을 싫어하고 남편은 아내가 좋아하는 감자옹심이를 좋아하지 않아 결국 각자가 원하는 음식을 먹고 차에서 만나 귀가했다. 배우자가 좋아하는 음식에 대한 안티를 굽히지 않는 부부의 일상은 이렇게 불일치의 연속이다.

치아가 안 좋아 누룽지, 마른오징어를 먹지 않는 남편과 달리 누룽지와 오징어 마니아인 아내는 주말 여행길 차 안에서 누룽지와 오징어를 맘껏 먹어보는 게 소원이다. 누룽지 씹는 소리와 오징어

냄새를 질색하는 남편 때문이다. 살림살이를 꼼꼼하게 정리하는 아내에게 남편은 정리 짱 큰아들이다. 그때그때 즉시 치워야 직성이 풀리는 아내는 며칠간 뒀다가 한꺼번에 치우는 남편을 고쳐보려다 포기하고 자기가 치운다.

이렇게 참 많이도 다른 우리 부부를 안타깝게 여긴 상담 전문가 내외에게 지면을 빌어 여쭙고 싶은 게 있다: '저희 같은 안티 부부는 상담 치료가 필요한 유병有病 커플인가요? 부부 각자의 다름을 고쳐 취미와 습관을 통일하면 결혼생활이 더욱 화목하고 행복해지는 건가요? 자기 본래의 기질과 성향을 통제하고 상대에게 맞춰 주어야만 건강한 커플인가요?' 필자 주변엔 우리 부부 못지않은 안티 부부들이 많다. 식습관과 생활 습관부터 성격, 취향까지 달라서 이 커플들을 만나면 그간의 충돌 사건들을 주거니 받거니 하면서 웃음 꽃(?)을 피운다.

부부의 안티 퍼레이드

필자의 오랜 지인인 이들 부부는 적게는 이삼십 년, 많게는 오륙십 년 같이 살면서 서로의 다름 때문에 충돌이 잦았고 위기도 있었다. 하지만 자녀를 여럿 낳아 키웠고 지금은 그 자녀들의 효도를 받으며 해로하고 있다. 필자의 인생 대선배인 육십 년 차 안티 부부는 서로에 대한 굳은 신뢰 속에 차이를 극복해 왔다. 비 온 뒤의 땅이 더 굳는다고 했던가. 다름 때문에 부딪히고 아팠던 지난 세월이 약이 된 듯 백발이 성성한 노부부는, 크기와 모양이 다른 두 개의 톱니바퀴가 서로 맞물려 강한 힘을 전달하는 것처럼, 다름의 공고한 결속력으로 생의 무게를 잘 지탱해 왔다.

2011년 방영된 TV 다큐멘터리 프로에서 본 94세, 85세 노부부는 모든 안티 커플들의 종착점 같은 부부다. 부부의 안티 동숙은 70여 년이 지났어도 현재진행형이었다. 여전히 얼큰한 음식을 좋아하시는 할머니는 여전히 매운 걸 못 드시는 할아버지를 위해 자기의 입맛을 내려놓으셨다. 여전히 정갈하고 꼼꼼한 할머니는 여전히 가무를 좋아하는 할아버지의 짓궂은 장난에 골탕을 먹곤 한다. 할머니의 머리를 빗겨 주다 뒷머리를 까치집 만들고, 마당에 쌓인 낙엽을 쓸다 할머니 머리 위로 낙엽 세례를 베푸는 할아버지. 카메라 앞에서 망신을 줬다며 할아버지와 몸싸움하던 할머니가 결국 울음을 터뜨린다. 사태의 심각성을 깨달은 할아버지가 때늦은 사과를 하지만 할머니는 복수를 다짐한다.

그날 저녁, 아내를 괴롭히지 말라는 성서의 가르침을 범한 할아버지에 대한 할머니의 복수혈전(?)이 시작됐다. 아궁이 앞에서 할아버지와 도란도란 군밤을 까먹던 할머니가 할아버지 얼굴에 묻은 잡티를 떼어낸다면서 숯검정 손으로 할아버지 얼굴에 수묵화를(?) 그렸다. 은밀한 복수를 눈치챈 할아버지가 손사래를 치자 아직 복수할 게 많이 남았다며 훗날을 기약하는 할머니 입가에 엷은 미소가 번진다. 티격태격, 칠십 성상이 지나도 여전히 안티 노선을 이어가는 노부부의 일상은 영화로도 제작되어 다큐멘터리로서 480만 명이라는 미증유의 관객 동원 기록을 세웠다. 비결이 무엇일까? 젊은 층을 스크린 앞으로 불러들이고 그들의 눈시울을 적신 영화의 힘은 어디에 있을까?

눈 덮인 무덤 옆에서 할머니가 할아버지의 유품들을 불에 태운다. 하염없이 토해내는 할머니의 곡소리는 진한 사랑의 연가가 되어 무덤을 휘감는다. 따스한 햇볕이 쏟아지는 툇마루에 앉아 바느질하는 할머니와 그 옆에서 구수한 소리 한가락 뽑는 할아버지. 시력이 좋은 할아버지가 눈이 침침한 할머니 저고리에 브로치를 달아주고, 귀가 밝은 할머니가 보청기에 의지하는 할아버지 손을 잡고 버스에 오른다. 달라서 충돌이 많았지만 달라서 도움을 주고받으며 76년을 해로한 부부. 그들의 안티 케미는 다름과 차이로 힘들어하는 후배 커플들에게 "다름은 결별의 사유가 아니라 해로할 동력이다"라는 불후의 아포리즘으로 기억되지 않을까?

그날 우리 때문에 진땀 뺀 상담가 내외에게 정중히 부탁하고 싶다: "우리 같은 안티 부부들을 건강한 부부의 임상 사례로 재조명해 보시면 어떨까요?"

05.

안티 친구:
누가 나의 '벗적'인가

"뒤가 아닌 앞에서 찌르는 그들을

예수는 '나의 친구'라 불렀다."

안티 친구

– 누가 나의 '벗적'인가

"친구의 통책은 충성에서 말미암은 것이나 원수의 자주
입맞춤은 거짓에서 난 것이니라"

-잠언 27장 6절-

스포츠의 레전드급 인물과 현역 선수가 맞대결을 펼치는 〈국대는
국대다〉란 TV 프로그램이 있었다. 레전드의 화려한 부활이냐 현역
의 굳히기냐를 저울질하는 묘미가 있는 방송이다. 2004년 올림픽
금메달리스트인 40대 후반의 레전드는 한 달여 간의 맹훈련을 끝
내고 20대 초반의 현역 최강 선수를 맞아 분투했지만 아쉽게도 경
기 중 부상으로 기권패 했다. 부상을 입힌 미안함에 큰절을 올리는
후배를 포옹하며 '잘했어!'라고 칭찬한 레전드는 상기된 얼굴로 말
했다: "딱 맞고 나니 다 이루었다는 깨달음이 오더라. 생의 열정을
다시 불러일으켜 준 한방이었다." 며칠 후 현역 선수의 훈련장을

찾아간 레전드는 자신의 올림픽 금메달을 그의 목에 걸어주며 다음 올림픽에서 꼭 메달을 따라는 당부를 건넸다.

레전드의 안티

실제 대회도 아닌 예능 프로에서 레전드를 무릎 꿇린 그 선수는 레전드의 적敵이 아닐까? 세월을 거스를 수 없어 체력이나 스피드에서 뒤지는 노장을 기어이 이겨버리는 건 지나친 승부욕 아닌가? 자신에

게 패배를 안긴 후배를 끌어안은 레전드는 그러나 감격에 겨운 표정으로 고백했다: "과거에 현역으로 누렸던 가슴 벅찬 승부 호흡을 다시 느낄 수 있어 행복했습니다." 후배 선수가 자신을 현역처럼 상대해 준 덕에 은퇴 이후 스러져간 투혼을 되살릴 수 있었다며 그는 '졌잘싸' 경기에 만족했다. 그랬다. 인정사정없이 자신을 공격하고 부상을 입힌 상대 선수는 적이 아니었다. 현역 시절의 영광과 감동으로의 시간 여행을 함께해 준 고마운 벗이었다.

레전드와 겨뤄 이긴 선수가 올림픽에 출전한다면, 그리고 금메달까지 딴다면 그 선수는 레전드의 적수이면서 동시에 그를 대신한 자, 곧 레전드의 안티다. 앞의 칼럼 〈안티ἀντί: 안티는 정말 안티인가〉에서 본 것처럼 헬라어 '안티ἀντί'에는 '반대, 저항'이란 뜻 외에 '~ 대신에, ~를 위해'란 뜻이 있다. 양쪽 의미를 결합하면 '안티'는 '반대이지만(또는 반대이면서) 너를 대신하는(또는 너를 위하는)'

이란 의미가 된다. 레전드와 맞서는 건 레전드를 위하는 것이다. 적당히 봐주는 건 레전드에 대한 예의일 수 없다. 최고의 기량으로 최선을 다해 대결을 펼치는 게 레전드를 진짜 위하는 길이다.

주말마다 오목 결투를 신청하는 아내의 끈질긴 도전에 질려 적당히 뒤주면(본인이 이겨야 그만두니까) 어김없이 날아오는 잽, "봐주지 마요!" 티 안 나게 져줘서 6:4 스코어로 이겨도 천사같이(?) 알아차리고 일갈한다. "에휴, 져줘서 재미없어!" 그래서 다음번엔 에누리 없이 둬서 자기가 지면 각골통한의 날숨을 뿜어낸다. 이길 수도, 질 수도 없는 주말 밤 부부 오목 대결. 진퇴양난이다. 하지만 묘책은 있다. 시종일관 최선을 다해 두다가 결정적 승부처가 나타나면 모른 체한다. 아내가 알아차릴 때까지. 봐주면 재미없고 안 봐주면 재수 없는 부부의 오목 격전장은 그렇게 고운 정 미운 정이 얼버무려진 안티 우정 경연장이다.

한 치의 양보가 없는 남편에게 참패하는 날이면 억울해서 분루를 삼키면서도 그런 남편을 어쩌다 운 좋게(?) 반상 위에 내려 꽂을 때의 통쾌함 때문인지 오목 하수의 도전은 이번 주도 이어질 전망이다. 냉혈한 파트너 때문에 울고 또 그 파트너 덕분에 웃는다. 병 주고 약 주는 남편은 아내의 안티 친구다. 흔히 친구 하면 나를 지지해 주는 존재, 덕 좀 봐도 되는 존재 정도로 생각하곤 한다. 그런데 안티 친구는 좀 다르다. 나를 반대하면서 나를 위한다. 고대 그리스 사회에서는 적이 친구가 될 수 있었다. 나와 대척점에 있는 원수라 할지라도 인격과 행실이 존경받을 만하다면 기꺼이 우정을 맺었다고 한다. 적이자 친구, 친구이자 적. 일명 '벗적frenemy'이랄까.

'벗적' 아포리즘

그리스의 철학자이자 아폴로 신전의 사제이며《영웅전》의 작가로 알려진 플루타르코스M. Plutarchos(기원 후 46-120)의 에세이집《모랄리아》에는 친구와 아첨꾼 구별법이 제시되어 있다: '아첨꾼은 변덕스럽고 일관성이 없다', '아첨꾼은 내가 듣기 좋은 말만 하고 친구는 때때로 듣기 싫은 말로 질책한다', '아첨꾼은 생색내길 좋아하고 친구는 은밀하게 도와준다', '내가 고개를 끄덕일 때 같이 끄덕이는 자가 아첨꾼이다.' 내 앞에서 아닌 건 아니라고 말하는 그는 친구이고 나를 향해 반대가 없는 사람은 아첨꾼일 수 있다고 플루타르코스는 경계한다. 안티하는 충신을 멀리하고 찬미 일색의 모사꾼들의 감언이설에 넘어가 몰락한 권력자들의 패망사를 인류 역사에서 어렵지 않게 찾아볼 수 있지 않은가.

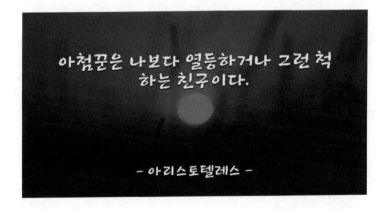

아첨꾼은 나보다 열등하거나 그런 척 하는 친구이다.

- 아리스토텔레스 -

그래서일까? 19세기 말 아일랜드의 시인이자 극작가인 오스카 와일드Oscar Wilde는 몰没 안티의 위험성을 자신의 경험을 근거로 이렇

게 토로했다: "사람들이 나에게 동의할 때마다 내가 틀렸다는 느낌이 든다." 대중의 인기를 한 몸에 받는 유명 작가의 위세 앞에서 싫은 소리 하는 사람이 없는 상황을 그는 우려했다. 친구는 없고 아첨꾼들만 가득하단 방증이란 걸 모를 리 없었기 때문이다. 근데 아포리즘의 달인다운 촌철살인의 지혜는 1세기 경구의 대가 플루타르코스의 도덕론과 맞닿아 있다. 주변에서 칭찬만 들리면 위험하다. 그래서 "진정한 친구는 바로 앞에서 찌른다True friend stabs you in the front"라는 와일드의 아포리즘에 "아첨꾼은 뒤에서 찌른다Flatterer stabs you in the back"를 추가하는 건 어떨까?

칭찬은 고래도 춤추게 한다지만 망하게 하는 칭찬도 있다. 가톨릭대 심리학과 정윤경 교수는 그의 공저《위험한 칭찬》(담소, 2011년)에서 과정이 아닌 결과에 대한 칭찬, 구체적이지 않은 막연한 칭찬은 아이를 망치는 위험한 칭찬이라고 일갈한다. 이러한 칭찬은 결과를 도출하지 못했을 때의 좌절을 극복하지 못하고 근거 없는 자신감에 도취한 인생 낙오자를 양산할 우려가 크다는 게 저자의 지적이다. 저자가 경계하는 위험한 칭찬은 '덮어놓고' 칭찬이다. 묻지도 따지지도 않는 찬사, 이의제기 없는 간부들, '아니오'가 없는 비서진들에게 둘러싸인 리더를 우리는 독재자라고 부르지 않나.

신의 벗적

알곡의 안티인 가라지를 제거하지 말고 함께 살게 하라는 예수의 언설(마태복음 13:30)은 '벗적' 아포리즘의 성서 버전이다. 그래서일까? 예수의 주위엔 '벗적'이 적지 않다. 제자가 되기 전 나다나엘은 빌립에게서 예수의 소문을 전해 듣곤 예수를 악평한다: '예수가 나사렛 출신이라고? 그저 그런 사람이겠지.'(요한복음 1:46) 깡촌 출신이라는 이유로 사람을 만나보지도 않고 비하하는 싸가지(?)를 예수는 오히려 속임수 없는 사람이라 호평하고 그를 축복한다(47~51절). 천상의 처소에 관한 스승의 약속에 의문을 제기하고(요한복음 14:5) 부활한 스승을 만난 동료들의 목격담조차 불신하는 도마를 위해 예수는 다시 나타나서 그에게 자신의 부활체를 직접 만지게 했다(20:26~27). 뒤가 아닌 앞에서 찌르는 그들을 예수는 '나의 친구'라 불렀다(15:14).

여호와의 '벗적'은 더 아프게 찔러왔다. 여호와 구원 경륜의 담지자로 부름받은 아브라함은 소돔-고모라를 향한 심판 계획

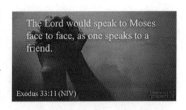

The Lord would speak to Moses face to face, as one speaks to a friend.

Exodus 33:11 (NIV)

을 듣고 부당성을 제기한다. 여호와 앞에서 "안 됩니다"라고 말하고 다섯 번이나 말을 바꾼(창세기 18:22~32) 아브라함은 그러나 여호와의 벗으로 성서에 녹명됐다(이사야 41:8; 야고보서 2:23). 혈육을 속여 탐욕을 채우고 축복을 강구强求한 떼쟁이 야곱은 여호와와의 대결에서 승리를 거두고 신정 부족 이스라엘의 직계 조상으로 거듭났다(창세기 32:28, 30). 민족 대탈출의 영도자로 자신을 선택한 여호와의 영광스러운 부르심에 다섯 번이나 반대 의사를 표명한 고집불통 모세는 여호와의 대면 친구(출애굽기 33:11; 신명기 34:10)가 되어 출애굽과 가나안 입성이라는 대과업을 완수했다.

당신 앞에서 당신을 찌르는 사람이 있는가? 그는 당신의 친구가 될지 모른다. 당신의 '벗적'은 누구인가?

06.

허무주의자:
감사의 대전환(1)

노년기 솔로몬 왕—구스타프 도레(Gustave Doré, 1866년)

"풍요와 과잉의 세상, 결핍이 결핍된 시대.
우리는 무엇에 그리고 무엇 때문에 감사할 것인가?"

허무주의자
- 감사의 대전환(1)

"내 손으로 한 모든 수고가 다 헛되어 바람을 잡으려는 것이며
해 아래서 무익한 것이로다"

-전도서 2장 11절-

'왜 '감사합니다' 안 하니?'

어린이집 원아들을 하차 지도할 때 '기사님 감사합니다'라는 인사
를 가르치는 교사가 있다. 하차할 때마다 얘기하는데도 여전히 인
사 없이 내리는 아이들이 못마땅했는지 투덜거리듯 말했다. 그러자
민망해진 기사님이 달래듯 말한다. "아이들이 왜 인사 안 하는지
아세요? 7명 교사 중에 선생님만 인사하라고 하거든요."

현대인의 결핍

현대 사회의 결핍을 얘기할 때 주로 제시되는 화두로 사랑, 웃음, 정직, 정의, 배려, 관용 등이 있다. 사회학자 제러미 리프킨은 현대인들의 결핍으로 '공감'을 꼽고 그의 책《공감의 시대》에서 공감의 인류학적 가치와 역사, 그리고 전망에 대해 상술했다. '그렇다면 성서의 입장은 무엇일까? 성서는 현대인들에게 어떤 결핍을 제시할까'라는 생각에 성서를 뒤적이다 구약 전도서 말씀이 눈에 들어왔다.

> "아름다운 이름이 보배로운 기름보다 낫고 죽는 날이 출생하는 날보다 나으며 초상집에 가는 것이 잔칫집에 가는 것보다 나으니 모든 사람의 결국이 이와 같이 됨이라 산 자가 이것에 유심하리로다 슬픔이 웃음보다 나음은 얼굴에 근심함으로 마음이 좋게 됨이니라 지혜자의 마음은 초상집에 있으되 우매자의 마음은 연락하는 집에 있느니라"(전도서 7:1~4)

아름다운 이름, 죽는 날, 초상집, 슬픔, 지혜자(이하 '좌변') vs. 보배로운 기름, 생일, 잔칫집, 웃음, 우매자(이하 '우변'). 이렇게 요약되는 전도서의 이분법은 무엇을 말하려는 걸까? 부왕 다윗의 숙원인 성전 건축을 완수하고 신정 왕국의 강고한 기틀을 확립한 솔로몬. 군주로서뿐 아니라 지혜자로서 명성을 떨치며 잠언, 전도서, 아가서 등 구약 성서 지혜문학의 금자탑을 쌓은 통일 왕국 대왕의 이분법 수사는 우변에서 좌변으로의 전환을 촉구한다. 우매자의 노래를 듣는 것보다 지혜자의 책망을 듣는 것이 낫다는 5절이 이를 뒷받침한다.

우변의 삶에서 좌변의 삶으로의 전환, 그것은 솔로몬 왕의 자아

성찰적 권고다. 40년의 재위 기간 중 말년에 기록된 것으로 알려진 전도서의 주제는 '헛됨'이다. 총 12개 장에서 39번 언급된 이 주제에서 권력과 부귀영화를 다 누려 본 노왕老王의 회한과 깊은 탄식이 느껴진다. 지혜, 쾌락, 술, 사업, 섹스 등을 이전 어떤 권력자보다 더 많이 영위했다고 자인한 뒤(전도서 1:12~2:10) 이 모든 것들을 '헛됨', '무익無益'으로 진단하는(2:11) 대왕의 허무주의는 '잔칫집 인생'에서 '초상집 인생'으로의 전환을 웅변한다.

허무주의 지혜

솔로몬 왕의 부인들과 우상–프랑컨 2세(Frans Francken the Younger)

정비正妃 700인 후궁 300인(열왕기상 11:3), 왕궁의 하루분 식자재 밀가루 16톤, 소 30마리, 양 100마리, 그 외 다수의 사슴 노루 조류 등

등(4:22~23)…누릴 만큼 누린 권력자의 회한이라 심드렁히 들릴 수도 있겠지만 역으로 생각하면, 모든 걸 누려 본 당사자의 지혜라 들어볼 가치가 있지 않을까. 범인凡人들이 갈망하고 흠모하는 걸 다 소유하고 영위했던 솔로몬. 도대체 무엇이 그로 하여금 '허무주의 지혜관'을 설파하게 한 것일까? 솔로몬의 생애에 힌트가 있다. 즉 위 초기 신탁 현몽에서 그는 이렇게 고백한다.

> "~주께서 저(=부왕 다윗: 필자 주)에게 큰 은혜를 베푸셨고 주께서 또 저를 위하여 이 큰 은혜를 예비하시고 오늘날과 같이 저의 위에 앉을 아들을 저에게 주셨나이다 나의 하나님 여호와여 주께서 종으로 종의 아비 다윗을 대신하여 왕이 되게 하셨사오나 종은 작은 아이라 출입할 줄을 알지 못하고"(열왕기상 3:6~7)

부왕 다윗의 11번째 아들이자 후처의 자식으로서 왕실의 후계 구도에서 밀려나 있던 그가 왕위에 오른 것이 은혜였음을 두 차례 언급하면서 솔로몬은 자신을 '작은 아이'라 칭한다. 강력한 통일 왕국의 권좌를 차지한 일인자답지 않은 겸비 모드는 아마 이때까진 진심이었을 것이다. 은혜로 왕이 됐다는 고백 후 여호와의 법궤 앞에서 헌신과 감사 의미의 번제와 수은제酬恩祭를 바친 정황(15절)이 이를 말해 준다.

하지만 이후 솔로몬은 왕권 강화를 위해 주변국들과 정략결혼을 추진했고 그 결과 이방 종교가 왕실에 유입되는 사태가 발생했다(11:1~8). 왕비들을 위해 출신국의 신당을 세워 자기 민족의 신들에게 제사하게 한 것이다. 두 차례의 신탁 현몽(열왕기상 3장과 9

장)을 통해 여호와의 뜻을 하사받고 성전 완공식에서 만백성 앞에 신의 계명과 법도의 완전한 준수를 천명했던(8:22, 61) 솔로몬이 채 몇 년도 지나지 않아 우상 숭배의 과오를 저지르게 된 원인을 성서는 이렇게 진단한다: "솔로몬 왕의 재산과 지혜가 천하 열왕보다 큰지라"(10:23). '재산과 지혜가…', 열왕기 저자는 솔로몬 왕의 재산을 지혜보다 먼저 언급한 뒤 천하의 왕들을 능가하는 솔로몬 왕가의 재력을 구체적으로 설명한다(26~29절). 당시 유대 사회에는 은화가 기준 화폐였는데 수도 예루살렘의 경우 은화가 길거리 돌멩이처럼 흔했고 레바논산 고급 목재로서 왕궁 건설에 주목主木으로 사용된 백향목이 길가의 뽕나무만큼 많았다는 열왕기의 기록(27절)은 솔로몬 왕국의 부귀영화를 가늠케 한다.

그렇다면 신탁 현몽을 두 번이나 체험하고 여호와의 계명 준수를 백성들 앞에서 공개적으로 언명한 솔로몬 왕이 우상 숭배 과오를 범한 이유가 단지 재물 과잉, 즉 재물이 많았기 때문이라는 말인가? 더 명확한 이유를 알 수 있는 단서를 찾아보자.

> "천하가 다 하나님께서 솔로몬의 마음에 주신 지혜를 들으며 그 얼굴을 보기 원하여 각기 예물을 가지고 왔으니 곧 은그릇과 금 그릇과 의복과 갑옷과 향품과 말과 노새라 해마다 정한 수가 있었더라"(열왕기상 10:24~25)

위 본문은 26절부터 29절까지 열거된 솔로몬 왕국의 거대 국부國富의 정체가 무엇인지를 적시한다. 솔로몬의 즉위 후 그와 그의 왕실, 그리고 고관대작들이 누리는 국부는 '지혜 신탁'의 반대급부였다.

즉위 초 첫 번째 신탁을 통해 솔로몬에게 임한 지혜의 영은 솔로몬이 동방의 여러 나라와 애굽 전역을 통틀어 가장 지혜로운 자라는 명성을 얻게 했다(열왕기상 4:29~33). 그 결과 주변국의 왕들과 고관들이 솔로몬의 지혜를 배우기 위해 찾아왔다(34절). 열왕기 기록에 따르면, 솔로몬 재위 기간 내내 천하 각국의 '지혜 탐방'이 이어졌고 따라서 솔로몬 왕가의 부의 기원은 방문단들이 바친 예물들에 있었다.

감사의 결핍

23절에서 솔로몬의 재산과 지혜를 차례로 언급하고 24~25절에서 천하 각국의 지혜 탐방단이 바친 조공 성격의 예물 목록을 열거한 뒤 26절부터 거대 국부의 실상을 조목조목 묘사한 것은 솔로몬 왕국의 국부 축적이 여호와의 '지혜 신탁' 덕이었음을 강조하는 대목이다. 그러면 바로 이어지는 11장에서 이방인 출신 왕비들의 수효와 그들을 위해 행해진 신당 제사의 실태를 기록한 건 무슨 의도일까? 그것은 솔로몬의 우상 숭배가 거대 국부와 관련이 있다는 점, 그리고 그 거대 국부가 솔로몬의 지혜로 말미암은 것이라는 교훈을 상기시킴으로써 은혜 이탈 및 감사 결핍을 지적하려 한 것으로 보인다.

앞에서 언급했듯이 솔로몬은 즉위 초 첫째 신탁 현몽에서 자신을 '작은 아이'로 낮추고 자신이 왕이 된 것이 신의 은혜임을 천명한 후 감사제까지 드렸다. 그러나 권력과 재물이 축적되고 급기야 과잉 상황으로 치달으면서 그의 겸비와 감사 모드는 사라지기 시작했다. 이방 종교 유입의 통로가 된 정략결혼은 왕권 강화를 위한 책

략으로서 솔로몬 자신이 고백한 '은혜-왕권설'에 정면으로 배치되는 행태다. 은혜로부터의 이탈은 감사의 결핍을 의미한다. 솔로몬의 재물이 여호와의 '지혜 신탁'으로 말미암았다는 열왕기상 10장 24절부터 29절까지의 복기復碁는 '권력과 재물 축적⇒은혜 이탈⇒감사 결핍⇒우상 숭배'라는 타락의 도식을 노정한다. 권력과 재물이 넘쳐 은혜를 망각하고 감사를 잃어버려 여호와를 떠나게 됐다는 진단(11:9)이 솔로몬 왕의 생애에 대한 복기의 결론이다.

솔로몬 생애의 복기는 약 천 년 뒤 복음서에도 나타난다. 공중의 새와 들의 백합 메타포를 통해 '은혜-감사 모드'가 신자神子의 삶의 양식임을 천명한(마태복음 6장 25~34절) 예수는 말한다: "~솔로몬의 모든 영광으로도 입은 것이 이 꽃 하나만 같지 못하였느니라"(29절). '솔로몬의 모든 영광'이 얼마나 대단한가는 앞에서 살펴봤다. 그런데 예수는 이것이 꽃 한 송이만 못하다고 단언한다. 지나친 평가절하인가 극단적 금욕주의인가.

아니다. 예수는 양자의 물리적 가치를 비교하는 게 아니다. "모든 영광"의 물리적 가치는 "꽃 하나"를 압도하고도 남는다. 예수의 비교점은 보다 근본적인 가치에 있다. "오늘 있다가 내일 아궁이에 던지우는 들풀도 하나님이 이렇게 입히시거든~"(30절), 이어지는 언설은 들풀의 가치가 솔로몬의 모든 영광을 능가한다는 예수의 관점이 은혜론에 기초하고 있음을 명시한다. 열왕기의 기록에서 확인된 것처럼 솔로몬의 생애는 은혜로 얻은 부귀영화로 인해 도리어 '은혜-감사 모드'를 이탈했고 이는 곧 솔로몬과 그의 왕국에 대한 심판의 발단이 됐다. 은혜를 벗어난 부귀영화가 은혜 안에 있는 미초美草에 미치지 못한다는 예수의 통찰은 이렇게 전도서의 지혜관과 맞닿아 있다.

잔칫집에서 초상집으로

전도서를 관류하는 허무주의 지혜관은 은혜를 망각하고 감사를 상실한 인생의 결말을 경계한다. 권력, 재물, 성性, 지혜 등등 형이하학에서 형이상학까지 두루 섭렵하고 소유한 솔로몬이지만 그 섭렵과 소유의 허무함과 무익함이 손으로 바람을 잡으려는 시도와 같다고 그는 토로한다(전도서 2:1~11 참고). 잔칫집엔 음식과 술, 웃음과 노래가 넘친다. 넘치는데 공허하다. 풍요의 역설이며 과잉의 결말이다.

미다스 왕과 그의 딸-월터 크레인(Walter Crane)

전도서 7장 1~4절에 축약된 솔로몬의 허무주의 지혜관은 잔칫집 인생의 은혜 이탈 및 감사 결핍을 지적하면서 동시에 초상집 인생으로의 전환을 촉구한다. 초상집엔 허무와 애통의 정서가 그득하다. 죽음 때문이다. 죽음을 직면한 인간은 그 절대 허무 앞에서 존재의 공허함과 소유의 무익함을 깨닫고 '은혜-감사 모드'를 회복한다. 허무의 역설이 아닐 수 없다.

손으로 만지는 것마다 금으로 변하는 미증유의 복이 미다스Midas에게 아사餓死의 위협이 됐듯, 천하를 압도하는 권력과 재물의 과잉은 지혜 신탁의 장본인마저 탕아로 전락하게 했다. 그리고 마침내 죽음 같은 허무의 심연에서 생환한 탕아는 외친다: "하나님을 경외하고 그 명령을 지킬지어다 이것이 사람의 본분이니라"(전도서 12:13). 풍요와 과잉의 세상, 결핍이 결핍된 시대. 우리는 무엇에, 그리고 무엇 때문에 감사할 것인가?

부자 청년:
감사의 대전환(2)

"소유의 자발적 결핍으로 구현된 존재의 영도,

그 순간이 진정한 감사 회복의 카이로스가 아닐까?"

부자 청년
- 감사의 대전환(2)

"그 청년이 재물이 많으므로 이 말씀을 듣고 근심하며 가니라"

-마태복음 19장 22절-

풍요와 과잉의 세상, 결핍이 결핍된 현대인에게 '감사'는 불가능한 것인가. 차가 결핍된 적이 없는 노란 차 승객들이 선생님의 잔소리에 못 이겨 마지못해 내뱉는 인사에서 감사의 참 의미를 찾을 수 있을까? 쌀이 이마트에서 만들어지는 줄 알고, 소시지 달라며 시금치를 뱉어버리는 아이들이 식탁 앞에서 감사 기도를 읊조린다고 그들에게 감사가 체득될까?

과잉과 감사

'물건이 넘쳐난다. 과잉의 증거는 충분하고 도로의 택배 차량은 빠르게 늘어나고 있다. 한 사람이 무소유에 대한 책을 읽는다. 읽는 동안 두세 번의 택배를 받는다. 다음 날 그는 전날 택배로 받은 옷과 신발을 신고 단순한 삶에 대한 강의를 들으러 간다. …사람들이 물건에 맹목 하는 건 역설적으로 그들을 충족시키는 물건이 없다는 의미로 읽힌다. …물건이 가득한 세상. 하지만 물건이 보이지 않는다. 물건이 사라진 세상이다.'

−목수 김윤관의 "사라진 물건들의 세상" 中

'물건에 맹목 하는 건 그들을 충족시키는 물건이 없다는 의미', 과잉의 역설을 정확히 짚어냈다. 홍수 속에 마실 물 없다는 말이 딱 들어맞는 우리 시대의 현주소가 아닐 수 없다. 과유불급. 넘치는 건 부족한 것만 못하다. 과잉은 곧 결핍이며 멸망으로 귀결된다는 그리스 신화 '미다스의 손'의 교훈은 지금도 유효하다. 동의보감은 '태과太過', 즉 넘침을 '사기邪氣'로 규정하고 채우는 것보다 덜어내는 것이 더 어려움을 간파한 바 있다. 작가 고미숙은 그래서 다다익선이 우리 사회에서 더는 미덕이 아닐뿐더러 최고의 악이라고 단언했다.

2019년 아프리카돼지열병(치사율 100%), 그리고 각각 2000년과 2003년부터 해마다 가축의 대규모 살처분이 되풀이되는 구제역과 조류인플루엔자 등의 가축 전염병 사태는 대량 생산을 위한 과잉 사육이 소이연이다. 과잉 태과 넘침은 이렇듯 인간에게나 동물에게나 '사기死氣', 곧 죽음의 기운을 드리운다.

과잉의 해악을 성서는 좀, 동록, 도적 메타포로 묘사하고 축적의 위험성을 재물 섬김, 즉 우상 숭배에 견주어 경계한다.

> "너희를 위하여 보물을 땅에 쌓아 두지 말라 거기는 좀과 동록이 해하며 도적이 구멍을 뚫고 도적질 하느니라… 한 사람이 두 주인을 섬기지 못할 것이니… 너희가 하나님과 재물을 겸하여 섬기지 못하느니라"(마태복음 6:19~24)

과잉의 나쁜 기운은 교회라고 비껴가지 않는다. 과잉의 망령은 세속 사회뿐 아니라 감사의 전당인 교회마저 감사의 불모지로 전락시켰다.

> "항상 기뻐하라 쉬지 말고 기도하라 범사에 감사하라 이는 그리스도 예수 안에서 너희를 향하신 하나님의 뜻이니라"(데살로니가전서 5:16~18)

감사는 기독교인의 대표적인 생활 강령이다. 기쁨 생활의 동력이면서 기도 생활의 결과인 감사는 믿음의 진정성을 가늠하는 바로미

터로 기독교 신앙의 정점에 있다. 사도 바울의 권면은 감사가 신의 뜻임을 명징한다. '범사에 감사'는 괴로운 일, 슬픈 일, 실망, 실패 등 부정적인 상황에서의 감사를 함의한다. 즐거운 일, 기쁜 일, 성공에의 감사는 굳이 강조할 필요가 없을 테니. 즐거울 때나 괴로

울 때나, 기쁠 때나 슬플 때도 변함없이 울려 퍼져야 할 감사 기도와 찬송이 그러나 신자들의 영혼에서 잘 들리지 않는다.

과잉이 원인이다. 세속 사회처럼 교회에도 모든 게 넘쳐난다. 신자들은 설교를 굳이 교회당에 가서 듣지 않아도 된다. TV는 물론이고 스마트폰을 통해 언제 어디서든 원하는 설교를 무한대로 들을 수 있기 때문이다. 그런데 그래서 문제가 생겼다. 유명 설교자들의 현란한 레토릭을 탐닉한 결과 웬만한 설교에는 성이 차지 않는다. 소위 '스타 목사들'의 설교에 맞춰진 신자들의 귀를 충족시키지 못하는 '그저 그런' 설교는 퇴출당하기 일쑤다. "예수 믿으세요", "하나님은 사랑이십니다"라는 단순 무식한(?) 설교에도 아멘으로 화답하던 '설교 궁핍기' 시절엔 비 들이치는 천막 예배에서도 오히려 감사가 넘쳤다.

가짐의 공허

결핍이 결핍돼 감사가 유린된 영혼의 황량함을 우리는 신약 성서 '부자 청년 이야기'(마태복음 19:16~22)에서 확인할 수 있다. 예수에게 영생의 길을 묻는 사두개파 청년은 21세기 엄친아의 원조격이다. 예수께서 제시한 쎈(?) 계명(네 이웃을 네 몸과 같이 사랑하라)까지 지키는 착한 심성에다 부모를 공경하는 효자라니…, 청년의 외모를 알 길 없지만 아마 반듯한 얼굴의 호남형이었을 게다. 부귀영화와 권력, 게다가 인성까지 갖춘 1세기 엄친아가 떠돌이 전도자를 찾아와 영생 획득의 길을 묻는다는 건 그의 내면에 자리한 공허함을 엿보게 하는 대목이다. 영생과 내세를 인정하지 않는 가문의 전통을 일탈하여, 유대 하층민들과 어울리는 장돌림 전도자에게 영생의 길을 묻는 도발 (?)을 감행한 건 그 공허함에서 벗어나려는 몸부림이었다.

가짐의 공허, 그것은 마치 블랙홀 같은 끝 모를 암흑의 공허였다. 가짐과 누림이 삶을 빛나게 할 것이란 기대가 청년에겐 정반대의 상황으로 귀결되고 있었다. 흑운차일黑雲遮日의 저주인가? 재물과 권력, 바름과 선행이 도리어 영혼에 먹구름을 몰고 와 빛을 차단해 버렸다. "윤리와 도덕, 율법의 가르침대로 살았는데 왜 빛은 보이지 않고 어둠 속을 헤매는 걸까? 난 왜 이럴까?" 청년의 의문은 공허와 함께 더욱 깊어만 갔다.

가질수록 허전하고 누릴수록 허탈하다. 가짐과 누림이 왜 1세기 엄친아에게 광영의 희락을 주지 못하는 것일까? 마치 덫에 걸린 사냥감처럼 몸부림칠수록 무저갱 같은 공허 속으로 더 깊이 빠져들고 있었다. 형이하학(재물 권력 명예)과 형이상학(도덕 윤리 율법)의 총아는 이 죽음 같은 공허함에 온몸으로 전율하다 탈출구를 찾아 예수에게 온 것이다.

"내가 무슨 선한 일을 하여야 영생을 얻으리이까"(마태복음 19:16)

"네가 온전하고자 할진대 가서 네 소유를 팔아(=폴레오) 가난한 자들을 주라"(21절 上)

청년은 영생행永生行 선행을 물었고 예수는 소유 매도와 나눔을 알려줬다(*본문 21절 "네 소유를 팔아[=폴레오]"에서 동사 '폴레오πωλέω'는 희사, 양도를 의미하는 '피프라스코πιπράσκω'[마 18:25;

26:9; 행 4:34; 5:4 참조]와 달리 정상적 상거래에서의 매도를 뜻한다. 두 동사의 의미상 차이에 관하여는 칼럼 〈다른 건, 다른 거다: 같음과 다름의 혼돈〉 참조). 그런데 청년의 반응이 의외다.

"그 청년이 재물이 많으므로 이 말씀을 듣고 근심하며 가니라"(22절)

원하는 답을 얻었건만 청년은 근심 어린 얼굴로 도망치듯 가버린다. 혹을 떼려다 더 붙인 건가? 그렇다고 보기 어렵다. 청년에게 중대한 변화가 나타났기 때문이다. 영생행 선행 답변을 듣기 전까지 그가 보여줬던 자신감과 당당함이 답변 직후 근심과 슬픔으로 바뀐 것이다(*마가복음 10장 22절은 청년의 표정을 슬픔과 근심으로 묘사한다). 답변이 맘에 안 들거나 기대 이하이면 거부감이나 실망감을 보이는 게 맞다. 계명을 완수했다는 당당한 자신감(마태복음 19:20)이 근심과 슬픔으로 돌변했다는 건 답변의 진의를 깨달았다는 반증이다.

예수의 소유 매도와 나눔 요구는 그 선행으로 영생 획득이 가능하다는 의미가 아니다. 방점은 매도 및 나눔으로 인한 결핍에 있다. 소유 매도와 나눔을 통해 결핍의 상황으로 돌아가라라는 함의가 예수의 요구에 담겨있는 것이다.

감사 회복의 자리

예수는 청년을 덮친 흑운차일의 영적 암흑이 소유의 과잉과 축적에서 비롯됐음을 간파했다. 먹어도 배부르지 않은 스낵처럼, 마셔도

해갈하지 못하는 탄산수처럼 소유와 향유는 영혼의 기갈을 심화시킬 뿐이었다. 청년은 자신의 소유로 선행을 해왔고 계명도 지켰다. 재물과 권력으로 선행을 베풀며 살아온 그에게 소유 매도와 나눔은 그러므로 자기 존재의 전부를 부인하는 것이나 마찬가지다. 자신감과 당당함이 슬픔과 근심으로 바뀐 이유다. 소유를 팔아 나눈 뒤의 결핍이 두려웠을 게다. 소유에 의한 선행으로 영생 획득을 추구한 그였기에 소유 매도 및 나눔 뒤의 '하늘 보화 약속'(21절 下)은 복음으로 들리지 않았을 게다. 풀이 죽어 돌아가는 청년의 뒷모습을 보며 던진 예수의 일갈은 그러나 복음이었다.

> **"약대가 바늘귀로 들어가는 것이 부자가 하나님의 나라에 들어가는 것보다 쉬우니라"(24절)**

'부자=영생 불가'로 들리는 예수의 선언엔 '부자=영생 가능'이란 반전이 숨겨져 있다. 소유로 인한 선행으로 영생을 얻으려는(16절) 청년은 '부자'다. 24절 '부자=영생 불가'에서 부자는 일반명사로서의 부자일 수 없다. 부의 기준이 애매하거니와 성서는 결코 재물 자체를 단죄하지 않기 때문이다. 핵심은 소유에 가 있는 인간의 마음이다.

> **"부자의 재물은 그의 견고한 성이라 그가 높은 성벽같이 여기느니라"(잠언 18:11)**

재물을 철옹성같이 여기는 마음, 재물에 둘러싸인 채 재물을 의지하고 재물로 영생까지 얻겠다는 오만, 그것이 영생 불가에 대입되는 24절의 '부자'다. 이 '부자' 청년을 향한 재산 처분 요구는 재물에 가 있는 청년의 마음이 흑운차일의 진범임을 밝히는 메시아의 고발告發이다. 선행을 하고 계명을 지키며 바르고 착하게 살았는데도 지옥 같은 공허함에 몸서리치는 삶이 지속되는 이유는 마음이 소유를 의지하기 때문이라는 게 메시아의 진단이다. 소유를 의지하는 상태를 성서는 '보물을 땅에 쌓기'라고 묘사하고 이를 물신숭배로 정의한다(마태복음 6:19~24). 예수의 재산 처분 요구는 소유의 성벽에 둘러싸여 물신에 붙들린 청년에게 자발적 결핍을 촉구한다. 소유의 과잉과 재물의 축적으로 내면의 어둠이 깊어진 것이니 스스로 재물을 처분해서 결핍으로 돌아가라는 뜻이다.

'존재의 영도零度'. 한순간에 모든 것을 잃은 폐허 속 실존을 시인은 이렇게 표현했다. 청년의 근심과 슬픔의 낯빛은 바로 존재의 영도

에 세워진 자의 절망의 낯빛이었을 게다. 가장 중요한 것을 잃어 존재 이유를 상실한 절망의 실존, 그것이 영생을 얻기 위해 복귀해야 하는 '부자' 청년의 자리다. 존재의 영도, 곧 절대 결핍의 자리에 서면 보이지 않던 것들이 보이고 들리지 않던 것들이 들리기 시작한다고 시인은 통찰한다. 가치 있다고 여겼던 것들의 가치가 더는 느껴지지 않고 사소하다고 치부했던 것들이 사소하지 않았다는 걸 알게 되는 그 시점, 그 자리에서 과잉의 사기邪氣와 사기死氣가 걷히고 광명한 햇살이 비치면 암흑의 공허는 생명의 빛으로 충일해질 것이다. 소유의 자발적 결핍으로 구현된 존재의 영도, 그 순간이 진정한 감사 회복의 카이로스가 아닐까?

결핍인缺乏人 :
감사의 대전환(3)

"결핍의 대열에 동참하는 그대 앞에
감사의 향연이 펼쳐지리라."

결핍인缺乏人
- 감사의 대전환(3)

> "주 앞에서는 우리가 우리 열조와 다름이 없이
> 나그네와 우거한 자라 세상에 있는 날이
> 그림자 같아서 머무름이 없나이다"
>
> -역대상 29장 15절-

결핍이 결핍돼 흑운차일의 영적 암흑 속에 방황하는 1세기 사두개 파 귀족 청년은 '(물질적) 풍요 속 (정신적) 빈곤'으로 은혜를 망각하고 감사를 상실한 현대인의 예표다. 자발적 결핍에 따른 존재의 영도零度에로의 초대에 고개 숙이고 돌아간 그 청년처럼, 가진 게 많은 현대인은 결핍을 두려워한다. 더 많은 소유에 집착하는 이유다.

결핍과 감사

"네 소유를 팔아 가난한 자들을 주라… 그 청년이 재물이 많으므로

이 말씀을 듣고 근심하며 가니라"(마태복음 19:21~22)

결핍은 두려워할 대상일까? 가짐에 근거한 자신감으로 영생을 얻
으려 한 청년을 한순간에 슬픔과 근심의 구렁텅이로 몰아넣은 결핍
에로의 초대는 지옥으로부터의 초대였단 말인가? 갈릴리 전도자의
'영생 초대장'은 부자 청년에게 복음이 아니라 부음訃音인가? 존재
의 영도는 과연 멸망의 자리일까? 성서에 등장하는 주요 인물들을
통해 결핍이 복음인지 부음인지, 결핍과 감사는 서로 어떤 관련이
있는지 알아보자.

'믿음의 조상'으로 일컬어지는 아브라함. 3대 종교(유대교, 기독교,
이슬람교)의 시조로 추앙받는 그에게 주어진 첫 소명은 '떠남'이다.

> **"여호와께서 아브라함에게 이르시되 너는 너의 본토 친척 아비 집
> 을 떠나 내가 네게 지시할 땅으로 가라"(창세기 12:1)**

아담과 노아로 이
어지는 계보에 관
한 길고 긴 서술(창
세기 5장, 10장, 11
장)이 끝난 뒤 아브
라함을 중심으로 펼쳐지는 장구한 언약사言約史의 첫 문장은 떠남에
대한 명령이다. 본토, 친척, 아비 집을 떠나라는 건 자발적 결핍의
촉구다. 이른바 '삼중 결핍'. 75년을 함께한 것들과의 급작스러운
별리는 아브라함에게 큰 상실이 아닐 수 없다. 그러나 신의 소명은

떠남을 최우선 과제로 선포한다. 혈연과 지연을 통해 누려왔던 모든 이득과 혜택이 한꺼번에 끊어지는 상실감과 아픔이 아브라함의 소명과 함께 시작되는 '믿음의 여정'(이하 '신정信程')의 출발점이란 뜻이다. 비워야 채워지듯 떠남으로 인한 결핍이 새 언약의 담지체 임을 공포하는 신의神意는 이렇게 인류 정신사의 시원始原으로 정위定位한다.

본토와 아비 집을 떠난 아브라함 신정 패밀리는 땅 없고 집 없는 설움을 톡톡히 겪었다. 아버지 데라의 사망 직후 시작된 타향살이 내내 토착 부족들의 견제와 핍박에 시달렸다. 급기야 아브라함은 자신과 가족들의 안위를 담보하기 위해 '아내 부인否認 전략'을 동원한다. 애굽과 그랄로 이주할 때 아브라함은 애굽 왕 바로와 그랄 왕 아비멜렉 앞에서 아내 사라를 누이동생이라고 소개한다(창세기 12장, 20장). 미혼녀이면 누구라도 아내로 삼을 수 있었던 절대 왕권 제도 아래에서 땅 없고 집 없는 부족의 생존을 위한 고육지책이었다(창세기 20:13). 권력자에게 아내를 팔아 안위를 도모한다는 불명예를 무릅쓰고 아브라함은 힘없는 떠돌이 인생의 생존 전략을 두 번이나 차용했다.

결핍 신정사信程史

가장과 남편으로서의 권리 주장도 못 하는 겁쟁이라는 비아냥을 감내해야 했던 아브라함 패밀리는 사라의 사망과 그 매장지 문제로 또 한 번 결핍을 절감한다. 60여 년 세월을 함께한 조강지처의 죽음에 아브라함은 슬퍼하고 애통해했다(창세기 23:2). 아내의 주검

앞에서 흘린 아브라함의 눈물은 남편과 가족의 생존을 위해 권력자의 침실에 들어야 했던 아내에 대한 미안함과 속죄의 눈물이었다. 헷 족속에게 아내의 매장지를 부탁하면서 아브라함은 자신을 나그네라고 소개한다. 기나긴 유랑 생활을 함축하는 이 한마디에 본토와 친척과 아비의 집을 떠난 삼중 결핍의 설움과 아픔이 짙게 배어 있다.

여호와께서는 아브라함에게 '삼중 떠남'(본토, 친척, 아비 집)을 지시하면서 '삼중 언약'(땅, 후손, 복의 근원)을 약속했다(창세기 12:1~2). 집 없고 땅 없는 결핍의 고통과 설움을 견딜 수 있었던, 아니 견뎌야 했던 건 언약 때문이었다. 결핍으로 점철된 험난한 생로生路를 헤쳐갈 수 있었던 원동력이 바로 언약이었다. 그러나 유감스럽게도 아브라함은 언약의 계시를 받았지만 그 성취를 보지 못했다. 생의 고비 때마다 주어진(창세기 12:1~3; 13:14~17; 15:5; 17:1~8; 22:16~18) 언약은 끝내 그의 생전엔 이뤄지지 않았다. 약속을 믿었으나 약속의 성취를 보지 못한 아브라함의 신정은 결국 결핍으로 시작돼 결핍으로 마쳤다.

아브라함의 '결핍 신정사信程史'는 '모리아산 번제 사건'(일명 '아케다[akedah=결박하다] 사건')에서 최대 위기를 맞는다. 네 차례의 거듭된 계시에도 여호와의 삼중 언약은 아직 제대로 이뤄진 게 없다. 불임의 태를 통해 아들 이삭을 얻었으니(창세기 21:1~2) 하늘의 뭇별 같은 후손에 관한 약속(창세기 15:5)만 희미하게 보일 뿐 '땅과 복의 근원' 언약은 여전히 요원하다. 그러던 어느 날 아브라함에게 청천벽력 같은 소명이 내려진다. 이삭을 번제 제물로 바치라는 지시다.

"네 아들 네 사랑하는 독자 이삭을 데리고 모리아 땅으로 가서 내가 네게 지시하는 한 산 거기서 그를 번제로 드리라"(창세기 22:2)

이삭이 누군가. 언약의 자손이 아닌가. 삼중 언약 성취의 중심에 이삭이 있다. 그가 없으면 언약은 공수표가 된다. 그런 그를 제물로 바치란다. 언약 성취를 기다리며 반백의 세월을 견뎌 온 노老종을 절망의 구렁으로 몰아넣는 잔인한 소명이 아닐 수 없다. 100세에 얻은 약속의 아들을 제물로 드리라니. "주신 자도 여호와시요, 취하신 자도 여호와시오니"란 욥의 고백(욥기 1:21 下)을 아브라함에게서도 듣길 원했던 것일까? '네 아들', '네 사랑하는 독자'란 거듭되는 수식어는 아케다 소명을 받은 아비의 숨통을 더욱 조여 온다.

'이삭마저 없다면, 내 나이가 몇인데, 언약이 파기된 것인가, 어떻게 견뎌 온 시간인데…', 혼돈과 절망의 밤을 뜬눈으로 지새운 아비는 아들과 함께 약속의 땅이 아닌 소명의 땅 모리아로 향한다. 사흘만에 도착한 아비는 제단을 쌓고 제물을 불사를 나무를 준비한 뒤 아들을 포박하여 제단 나무 위에 눕힌다. 반백 년의 결핍을 이겨 낸 존재의 마지막 희망이 사라지는 때, 곧 존재의 영도가 임박했다.

이삭을 잃으면 전부를 잃는 것이다. 언약도 희망도 물거품이 된다. 그러나 아비는 칼을 빼 든다. 팔이 머리 위로 올라간다. 아득해지는 정신을 다잡으려 눈을 감는다. 아무것도 보이지 않는다. 치켜든 칼도 결박된 제물도. 명목瞑目의 어둠은 아브라함이 처한 절망스러운 결핍마저 삼키려는 듯 끝없이 깊어진다.

폐안蔽眼의 흑암이 그렇게 아브라함을 추락시키려는 순간, 머리 위에서 다급한 음성이 들린다. '아브라함아, 아브라함아 … 그 아이에게 손대지 말라… 내가 이제야 네가 하나님을 경외하는 줄을 아노라'(창세기 22:11~12). 눈을 뜨자 어둠이 걷히고, 절체절명의 암흑에서 빠져나온 아브라함의 눈에 수풀에 걸린 양 한 마리가 보인다. 준비된 그 양으로 번제를 드린 후 삼중 언약의 마지막 재확인이 주어진다(13~18절).

이삭을 제물로 바치는 아브라함
―렘브란트(Rembrandt, 1635년)

> "내가 네게 큰 복을 주고 네 씨로 크게 성하여 하늘의 별과 같고 바닷가의 모래와 같게 하리니 네 씨가 그 대적의 문을 얻으리라 또 네 씨로 말미암아 천하 만민이 복을 얻으리니 이는 네가 나의 말을 준행하였음이니라"(창세기 22:17~18)

최초 언약(12:1~3)의 네 번째 재확인이지만 이전 세 차례의 확인과 다른 점이 눈에 띈다. "네 씨로"는 삼중 언약이 아브라함의 적자인 이삭을 통해 계승되고 성취될 것을 명시한다. 절대 결핍의 시험을 통과하자 언약의 승계가 공식화된 것이다. 이후 40년 가까운 결핍의 세월을 더 보내고도 결국 아브라함은 언약의 성취를 보지 못하고 죽어 아내 사라 곁에 장사된다(창세기 25:7~10). 1세기에 걸친 아브라함의 결핍 신정사는 이렇게 끝났다. 하지만 이후 애굽 정착기와 가나안 정복기를 지나 다윗의 신정神政 왕국이 건립되기까지 아브라함 패밀리의 결핍 신정사는 870여 년간 더 이어졌고, '네 아들, 네 사랑하는 독자'를 바치는 절대 결핍에 이르렀을 때 계승된 언약은 마침내 성취됐다.

결핍의 시조始祖

"아브라함과 다윗의 자손 예수 그리스도의 세계라"(마태복음 1:1)

예수 그리스도의 가계家系는 이렇게 시작한다. 독자를 바침으로 언약의 승계를 확약받은 아브라함, 그리고 그 확약의 성취를 목도한 다윗은 인류의 대속 제물로 바쳐진 신의 독생자 예수 그리스도의 지상의 조상이다. "아브라함과 다윗", 메시아 족보에서 다윗이란 이름이 1,000년이 넘는 간극을 두고 믿음의 조상 아브라함과 나란히 언급되는 이유는 무엇일까?

"우리 하나님이여 이제 우리가 주께 감사하오며…주 앞에서는 우리가 우리 열조와 다름이 없이 나그네와 우거한 자라 세상에 있는 날이 그림자 같아서 머무름이 없나이다"(역대상 29:13~15)

기나긴 유랑 시대에 종지부를 찍고 신정 왕국을 건설한 다윗이 아들 솔로몬에게 왕위를 이양하는 자리에서 올린 기도문은 천년의 역사를 뛰어넘는 아브라함과 다윗의 연계를 확인해 준다. "이제 우리가 주께 감사하오며", 열조와 민족의 신정사를 확인하는 다윗의 감사 기도는 가깝게는 성전 건축과 왕위 계승을 지칭하지만 그 감사의 시원은 다윗가의 시조 아브라함이다. 삼중 결핍 속에서 받은 언약의 성취를 보지 못한 아브라함, 그에게 주신 약속을 마침내 이루신 여호와의 천년 사랑. 그 사랑에 대한 건국 시조의 감사 찬미는 독자를 내어놓는 절대 결핍의 순간에도 믿음을 지킨 건신建信 시조 아브라함에게 잇닿아 있다. "우리 열조와 다름이 없이…", 삼중 결핍 시대를 끝내고 강국의 기틀을 다진 다윗의 고백은 건신 시조의 결핍 신정사를 계승하겠다는, 아니 계승해야 한다는 건국 시조의 유훈 같은 기도다.

일본에서 경영의 신으로 평가받는 마쓰시타 고노스케(1894-1989)는 자신의 성공 비결로 삼무三無(돈 학력 건강 없음)를 꼽았다. 가난해서 근면을 배웠고, 허약해서 자기관리에 철저했으며, 못 배워서 모든 사람을 스승으로 모셨다는 그는, 결핍은 재앙이 아니라 축복이고 은혜이며 결핍을 도리어 감사한다고 고백했다. 결핍이 두려워 소유에 집착하다 영혼의 빛을 잃은 21세기의 부자 청년들에게 인류 정신사의 시조와 기업 경영의 신은 말한다: 결핍에 초대받은 그대여! 두려워 말라. 결핍의 대열에 동참하는 그대 앞에 감사의 향연이 펼쳐지리니!

09.

행복 열등생:
감사의 대전환(4)

"지금 당신이 한 입 베어 문 빨간 사과
한 알의 가치는 얼마일까."

행복 열등생

- 감사의 대전환(4)

> "아직도 무엇이 부족합니까"
>
> -마태복음 19장 20절-

소유를 처분하여 희사하라는 예수의 권고는 부음이 아니라 복음이
었다. 재산과 권력으로 영생까지 넘보는 청년의 '자기 의自己義'를
파쇄하고 절대 결핍, 곧 절망의 자리에 그를 초대한 건 죽이려는 게
아니라 살리려는 의도였다. 절망은 실상 절망이 아니기 때문이다.
절망은 희망의 다른 이름이었다.

> "사람으로는 할 수 없으되 하나님으로서는 다 할 수 있느니라"(마
> 태복음 19:26)

'사람으로는 할 수 없다'라는 인불능人不能의 절망은 '하나님으로는

할 수 있다'라는 신가능神可能 희망 서사의 프롤로그였다. 재산 처분 명령은 율법 도덕 인성에다 재물까지 갖춘 1세기 완벽남에게 인불능의 절망을 선언한 뒤 신가능의 희망을 제시한다.

"아직도 무엇이 부족합니까?"(20절)

계명 완수를 호언한 뒤 나온 청년의 질문은 기실 '자기 의'에 근거한 오만한 언사일 테지만 흥미롭게도 이 질문은 결핍이라는 구원의 화두를 정조준하고 있다. 다 갖췄는데 부족하다…, 그렇다. 청년은 알고  있다. 영생에의 목마름이 해소되지 않는 건 결핍 때문이란 걸. 결핍의 사실은 알지만 결핍의 내용을 몰라 찾아온 그에게 내려진 메시아의 진단은 '다 처분하라!' 청년에게 부족한 건 선행이 아니라 결핍이었다. 결핍의 결핍. 청년의 영적 목마름은 착함이나 선행이 부족해서가 아니라 결핍이 결핍된 상황, 즉 모든 걸 갖춘 '몰沒 절망'의 실존에서 기인한다는 것을 예수는 일깨우려 했다.

부요한데 가난한

재물로 선행하고 선행으로 영생을 얻을 수 있다는 청년의 몰절망 실존이 영생행 길목의 스캔들이었다. 예수의 소유 처분 명령은 몰절망 스캔들을 제거하고 청년의 실존으로 하여금 절망의 자리로 정위하게 한다. 절망의 자리가 영생의 싹이 움트는 소망의 묘상이기 때문이다. 사두개파 엄친아 청년의 몰절망 실존을 우리는 요한계시록 일곱 교회 중 라오디게아 교회에서 발견할 수 있다. 라오디게아 교회의 별칭은 '부요한데 가난한 교회'다.

"나는 부자라 부요하여 부족한 것이 없다"(요한계시록 3:17 上)

'부자다', '부요하다', '부족한 게 없다'라는 삼중 자화자찬이 끝나자 곧바로 예수의 오중 진단이 내려진다.

"네 곤고한 것과 가련한 것과 가난한 것과 눈먼 것과 벌거벗은 것 을 알지 못하도다"(17절 下)

라오디게아 교회의 자화자찬을 무색하게 하는 예수의 진단은 교회의 민낯을 폭로한다. 라오디게아 교회의 실상은 참담하기 이를 데 없다. 총체적 난국이다. 그런데 교회의 진짜 문제는 참담한 실상 그 자체보다 참담한 상태를 그들이 알지 못한다는 점이다. 라오디게아 교회의 삼중 자화자찬과 예수의 오중 진단의 대비는 '부요한데 가 난한' 영적 참상을 모른 채 헛된 자부심에 도취된 라오디게아 교회 의 몰절망 실존을 고발한다. 결핍이 결핍된 라오디게아 교회의 몰 절망 실존은 예수를 교회 밖에 세워둔 채 그의 음성조차 알아듣지 못하는 영적 불구에 다름 아니었다. 부자 청년과 라오디게아 교회 가 처한 '부요한데 가난한' 몰절망 실존은 부와 풍요 속에서 감사를 잃어버린 현대인의 자화상이 아닐까?

수년 전 일이다. 그날따라 피자가 먹고 싶다는 아내의 성화에 연중 한 번 들를까 말까 하는 피자집에 들어갔다. 2인분짜리를 주문하고 기다리는데 바로 옆 테이블로 초대형 피자가 배달됐다. 메뉴판에서 봤던 최고급 피자였다. 테이블엔 20대 아가씨 3명이 앉아 있었다. 피자 마니아들인가 생각했는데 웬걸, 한 10여 분 정도 먹다가 절반가량을 남겨놓고 자리를 뜨는 게 아닌가. 남은 피자는 당연히 포장해 가져가리라 생각했던 내 예상은 보기 좋게 빗나갔다. 소박한(?) 피자를 먹으며 곁눈질로 음미했던 최고가의 피자를 절반이나 남기다니…, 녀석을 향해 입맛 다시는 나를 쏘아보는 아내의 시선이 따가웠지만 난 정말 그 피자를 우리 테이블로 가져오고 싶었다. 먹고 싶기도 했지만 그대로 버려지는 게 아까웠기 때문이다.

연필 한 개의 가치

피자 한 판에 몇 사람의 수고가 담겼을까? 미국의 경제학자 밀턴 프리드먼Milton Frie.dman은 그의 책《선택할 자유》Free to Choose에서 연필 한 자루가 만들어지기까지 얼마나 많은 사람의 노력이 투입되는지를 생산 과정을 통해 설명한다. 연필의 몸이 될 삼나무를 잘라 철도까지 옮기려면 톱, 트럭, 밧줄, 크레인 외에도 많은 도구와 기계가 동원된다. 그 도구들과 기계들을 제작하고 판매하고 관리하는 데에도 역시 많은 인력이 필요하다. 철광석을 캐내어 강철을 추출해 톱, 도끼 등의 도구들과 기계들을 제조하는 과정, 통나무를 묶을 튼튼한 밧줄을 만들기 위해 마를 재배해 수확하여 섬유질로 만드는 과정, 그리고 이 모든 작업을 위한 부대시설(노동자들의 숙소와 식당 등의 벌채 캠프)을 만드는 데에 역시 수많은 장비와 도구, 사람들이 동원된다.

삼나무 목재를 운송 열차에 싣는 과정의 인력과 장비는 물론이고 그 많은 인력이 작업 중 마시는 커피 한 잔의 제조 과정에도 수많은 무명의 일손들과 장비들이 관여한다. 목재를 열차로 운송해서 제재공장으로 옮긴 후 판목으로 자르고 판목을 다시 연필 몸체 크기로 자르는 과정에는 또 다른 사람들과 기계 장비들이 필요하다. 연필의 몸체를 만드는 과정에 이토록 많은 인력과 물자가 필요한데 몸체 외에 연필심과 연필 끝 쇠 테두리, 그리고 지우개를 만드는 데에는 또 얼마나 많은 사람과 장비가 필요할까? 연필 한 자루가 탄생하기까지 많은 이들이 땀을 흘렸을 것이며 어떤 이들은 다치기도 했을 것이다. 목숨을 잃은 사람은 없었을까?

프리드먼의 장구한 연필 제조 서사는 자유 시장 경제 체제 아래 경제 주체들의 협력 및 가격 시스템의 자생적 가동을 설명하기 위한 일례로 제시된 것이었다. 이윤 추구를 위해 생산과 소비, 공급과 수요를 조절하는 가격의 기능을 언급하는 프리드먼의 서사에서 필자는 연필의 가치가 시장에서 결정되는 물리적 가격에 그칠 수 없다는 걸 알았다. 몇백 원에 불과한 연필 한 자루에 담긴 수많은 이들의 땀과 노동력의 값은 결코 몇백 원일 수 없다는 필자의 각성은 사실, 평생 안 흘려 본 땀을 흠뻑 흘린 노동 체험의 결실이었다. 생애 처음 들께 모종을 심던 날, 이마에 맺힌 굵은 땀방울이 연신 밭에 떨어졌다. 그날 내 평생 하루 최대량의 땀을 흘렸다. 오백여 개의 모종 심기를 끝낸 후 앞으론 깻잎을 먹을 때마다 땀방울이 생각날 거란 그날의 대오각성(?)은 연필 한 자루, 피자 한 조각의 값어치를 다시 보게 했다.

행복 열등생 대한민국

자살률 1위, 이혼율 1위란 통계는 결핍이 결핍된 한국 사회의 건강성을 노정한다. 먹을 것 입을 것이 풍성한데 왜 자살하고 왜 이혼할까? 하루 평균 38명이 스스로 목숨을 끊는 자살 공화국에서는 맛방(맛집 소개 방송)과 먹방(먹는 방송)이 넘쳐난다. 지상파 방송은 물론 케이블 TV와 유튜브 등에서 연일 송출되는 맛방과 먹방 속 사람들은 저마다 최고의 음식을 만끽하며 환호한다. 음식을 먹으며 엄지를 치켜드는 그들은 모두 즐거워 보인다. 비법 레시피 소스가 올라간 특제 메밀막국수를 맛보는 장면에선 이런 자막이 나온다:

'드디어 축복의 시간이당!'

최고의 음식을 맛보는 축복의 시간, 언필칭 '식복食福'이다. 전국 각지에 식복이 준비된 맛집들이 즐비하다. 맛집이 아닌 음식점을 찾기 어려울 정도다. 최고의 맛을 자랑하는 음식들을 어디에서나 맛볼 수 있는 이 나라에서 그런데 2020년 한 해 우울증으로 병원 치료를 받은 환자가 100만 명을 넘었다. 맛있는 음식을 먹을 때 뇌에

서 엔도르핀 호르몬이 분비되어 행복감을 느끼고 기분이 좋아진다는 말은 상식에 가깝다. 그래서 의문이다. 환상적인(?) 음식들을 먹을 수 있는 이 나라에 왜 이렇게 우울증 환자가 많은 걸까? 성서의 '팔복八福'(마태복음 5:1~12)을 구복九福으로 치환하는 먹는 복을 이토록 많은 이들이 누리고 있는 한국이 지구상에서 가장 많이 이혼하고 가장 많이 자살하는 나라가 됐다. 이 상황을 어떻게 설명해야 할까?

미국 미시간대 경제학과 저스틴 울퍼스Justin Wolfers 교수는 소득과 행복지수의 상관관계에 관한 그의 연구에서 소득이 증가할수록 행복지수가 높아진다고 주장했다. 세계 150여 개국의 각종 데이터를 계량 경제학 기법으로 분석한 끝에 소득과 행복의 비례 관계를 확인한 울퍼스 교수는 그런데 자신의 연구 결과를 비껴가는 나라로 부탄과 대한민국을 꼽았다. 부탄은 소득이 적은데 행복지수가 높은 나라로 분석됐고 한국은 소득이 많은데 행복지수가 낮은 것으로 나타났다. 중국이나 터키보다 소득이 많은 한국 국민의 행복지수가 그들 나라보다 낮은 이상 현상을 그는 "코리안 퍼즐Korean puzzle"이라고 부르고 이에 대한 보다 면밀한 분석이 필요하다고 말했다.

경제 우등생이 행복 열등생으로 퇴락한 상황은 전문가들에게조차 이해 불가의 난제인가 보다. 2020년 기준, 경제 규모 세계 10위권에 진입한 부자 나라 한국. 식복에 이어 의복衣福까지 누리는 21세기 경제 대국을 덮친 흑운차일의 현실은 1세기 부자 청년과 라오디게아 교회의 '부요하나 가난한' 실존과 시공간을 넘어 오버랩된다. 가진 게 많은데 가정마다 파열음의 주파수가 고막을 찢을 듯하다. 먹을 게 많은데 개인마다 행복-건강 호르몬 수치가 바닥권이다. 도대체 이유가 뭔가? 극심한 사회적 빈부 격차가 한국인을 우울하게 만드는 걸까? 기회가 평등하지 않고 과정이 공정하지 않으며 결과가 정의롭지 못해서 자살하고 헤어지는 걸까?

뜨거운 태양 아래에서 논에 물을 대고 벼를 심고 추수하고 탈곡하는 농부의 굵은 땀방울을 머금은 밥 알갱이들이 뭉텅이로 버려지고, 원단 공장 근로자들과 의류 디자이너들의 짙은 날숨이 밴 고가의 옷들이 한해살이 처지로 전락해 옷장 구석에 처박혀지는 현실은 결핍이 결핍된 대한민국의 몰절망 실존을 고발한다. 밥 한 톨, 김치한 조각에서 농군의 진한 땀방울이 보일 때 내면 깊은 곳으로부터 울려 퍼지는 감사 찬미가 우울증을 치유하고 이 나라를 행복 우등생으로 변모시키지 않을까?

'시장이 반찬이다.' 초근목피 시절 가난한 민초들이 주고받던 자조 섞인 덕담은 부요하나 가난한 대한민국의 행복지수를 높일 '결핍 아포리즘'이 아닐까? 지금 당신이 한 입 베어 문 빨간 사과 한 알의 가치는 얼마일까?

10.

윤여정:
감사의 대전환(5)

"결핍은 그러므로 1세기 대사도에게도,

21세기 대배우에게도 살아갈 원동력이며

감사할 대상이었다."

윤여정
- 감사의 대전환(5)

> "이러므로 도리어 크게 기뻐함으로 나의 여러 약한 것들에 대하여
> 자랑하리니"
>
> -고린도후서 12장 9절-

'내 연기의 원동력은 열등감입니다'

2021년 4월 26일, 한국 영화 102년 역사 최초로 미국 아카데미상
시상식에서 오스카 트로피를 거머쥔 배우 윤여정이 시상식 후 기
자들 앞에서 자신의 연기 철학을 밝히면서 한 말이다. 미국 아카데
미 상 외에도 영국 아카데미 영화상(BAFTA)과 미국 배우조합상
(SAG) 등 영미권 영화제에서만 38관왕을 달성한 대배우의 연기
력이 열등감에서 비롯된 것이라니 무슨 뜻일까? 연기를 전공한 적
이 없고 이혼녀로서 두 자녀를 부양해야 했던 절박한 상황이 자신

을 연기에 몰두하게 했다는 그의 부연 설명은 '결핍 아포리즘'의 주석처럼 들린다. 연기 학력도 없고 돈도 없는 엄마 가장이 연기 신의 경지에 오른 일명 '윤여정 신화'는 3대 결핍(돈, 건강, 학력 결핍)이 기업 성공의 밑거름이라는 경영의 신 마쓰시다 고노스케 신화와 함께 결핍 신화 서사를 선명하게 써 내려간다.

결핍, 문명의 못자리

인류의 역사는 결핍의 역사다. 결핍은 인류 발전의 원동력이라 해도 지나치지 않다. 인류사에서 비행기 발명은 새처럼 하늘을 날 수 없다는 열등감이 그 원동력이었다. 밤사이 내린 폭우가 단란했던 가정의 보금자리를 덮쳤다. 거센 흙탕물에 가녀린 생명이 휩쓸려 떠내려간다. 참상을 지켜볼 수밖에 없어 울부짖는 가족들의 눈에 검붉은 물줄기 위를 유유히 날아가는 새들의 모습이 들어온다: '저 새들처럼 날개가 있다면 내 아이가 죽지 않았을 텐데.' 날 수 없어 속절없이 수마에 희생된 가족과 동족의 주검들을 목도한 인류의 유전자 속에 비상의 꿈은 그렇게 태동했다. 날개의 결핍이 인류에게 새보다 높고 빠른 비행을 선사한 것이다.

한밤중에 야수 떼의 습격을 받아 황급히 아이들을 둘러업고 죽을힘을 다해 뛰어 목숨은 건졌지만, 미처 따라오지 못한 노모는 굶주린 야수들에게 희생되고 만다: '저 맹수들보다 빨리 달릴 수 있었다면.' 가족과 이웃의 참혹한 희생을 뒤로하고 도망쳐야 했던 나약한 인류의 뇌리에 각인된 열등감이 짐승보다 빠른 자동차를 만들어냈다. 날개가 없고 빠른 다리가 없는 선천적 결핍 덕분에(?) 인간

 은 창공과 대륙의 지배자가 되
었다. 비바람과 눈보라, 해충
과 짐승의 공격에 노출된 인류
가 생존을 위해 만들어 낸 자
구책이 건축술과 의술이 아닌
가. 결핍과 그로 인한 열등감은 찬란한 인류 문명의 태동과 발전의
토대였다.

결핍 아이덴티티

성서는 결핍을 어떻게 조망할까? 구약의 이스라엘 백성은 절대 결
핍의 민족이었다. 이스라엘의 시조 아브라함에게 주어진 신의 첫
소명은 결핍으로의 초대였다. 본토 친척 아비의 집을 떠나라는 명
령(창세기 12:1)은 결핍이 선민選民의 정위正位임을 밝힌다. 아브라
함의 '신정信程' 곧 믿음의 여정은 땅 친족 집의 결핍과 함께 시작됐
다. 아브라함의 3대 결핍은 이후 애굽에서의 종살이와 출애굽, 그
리고 광야 여정을 거쳐 가나안 땅에 들어가 정착하기까지 약 500여
년간 선민 이스라엘의 정체성을 규정했다. 구약 성서 시편 23편은
선택받은 백성의 '결핍 아이덴티티'를 이렇게 묘사한다.

"여호와는 나의 목자시니 내게 부족함이 없으리로다"(1절, 개역개정)

다윗의 많은 시편 중 백미로 꼽히는 23편은 다윗과 이스라엘 백성
의 대신적對神的 정체성을 '목자의 양'으로 선언한다. 여호와가 나

의 목자이기에 먹을
것 마실 것에 부족함
이 없다는 시편의 서
두는 결핍 아이덴티
티와 무관한 듯 보인
다. 원수 앞에서 푸
짐한 잔칫상을 배설
해 주고 넘치도록 기
름을 부어 주는 장면

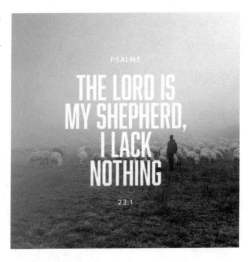

(5절)은 흡사 천상의 먹방을 연상하게 한다.

그렇다면 여호와의 백성들이 풍성한 먹거리와 은총을 누리게 될
것이라는 시편의 서사는 양들의 정체성을 '풍요'로 공포하는 것인
가? 과연 그런가? 1절을 다시 읽어보면 그렇다고 보기 어렵다. 여
호와가 내 목자여서 부족한 게 없다는 말은 여호와가 내 목자가 아
니면 즉, 내가 여호와의 양이 아니면 나는 결핍투성이란 의미가 되
기 때문이다.

시편 23편은 '나' 곧 다윗과 선민의 이중적 정체성을 노정한다.
믿음의 시조 아브라함의 결핍 아이덴티티를 전수한 선민 이스라
엘이 가나안에 들어가기 전 광야 40년 여정을 통과할 때 그들에게
'목자의 양' 아이덴티티가 더해진다. 여호와는 땅, 집, 식음료가 없
는 광야 순례길에 동행하여 그들을 푸른 초장과 쉴 만한 물가로 인
도했다. 먹을 것이 없을 때 만나와 메추라기를 내려 주었고 마실 물
이 없을 때 바위를 쪼개어 식수를 제공했다. 양들을 위협하는 적들

이 보는 앞에서 목자는 양들에게 풍성한 식탁을 베풀고 은총을 넘치도록 부어 주었다. 이스라엘 백성이 광야 여정 중에 누린 이 모든 풍요는 그런데 조상 아브라함의 결핍 아이덴티티가 그들에게 계승된 결과다. 결핍 아이덴티티에 풍요 아이덴티티가 더해진 '결핍-풍요' 정체성. 그것이 믿음의 길에 나선 신민信民이 누린 풍요의 본질이다.

신민의 풍요는 결핍에서 비롯됐다. 먹을 것 마실 것이 없어 생존을 위협받는 절대 결핍의 정위에 있을 때 여호와께서 이스라엘의 목자가 되어 결핍을 채워 주셨다. 이 채움은 그러나 결핍을 끝내거나 완결完結하는 채움이 아니라 결핍과 병행하는 채움이다. 신민이 여호와의 풍요를 누리는 건 '목자의 양'이라는 대신적 정체성을 견지할 때이다.

양으로서 누리는 풍요는 양으로서의 결핍 아이덴티티가 유지될 때 주어진다. 여호와가 나의 목자시니, 즉 내가 여호와의 양이므로 여호와의 풍요를 누리는 것이다. 바꿔 말해서, 내가 여호와의 양으로서의 정위를 이탈하면 여호와의 풍요를 누리지 못한다는 뜻이 된다. 목자를 떠나면 양에게 푸른 초장과 쉴 만한 물가가 더는 보이지 않을 것이며 캄캄한 죽음의 골짜기를 헤매다 원수로부터 속절없이 해를 당할 뿐이다.

시편 23편의 서두 "여호와는 나의 목자시니 내게 부족함이 없으리로다"는 그러므로 이렇게 읽힌다: '내가 결핍에 있으므로 내가 족하다.' 결핍은 풍요의 묘상이다. 결핍이란 못자리에 은총의 씨앗이 뿌려져 풍요의 결실이 맺힌다는 23편의 '결핍-풍요' 아포리즘은 시편의 저자 다윗의 다음 고백에서 절정에 이른다.

"우리는 우리 조상들과 같이 주님 앞에서 이방 나그네와 거류민들이라 세상에 있는 날이 그림자 같아서 희망이 없나이다"(역대상 29장 15절, 개역개정)

다윗은 필생의 소원인 성전 건축을 위해 모금한 헌물들을 여호와께 바치는 봉헌 기도에서 자신과 이스라엘의 정체성을 나그네요 거류민이라고 고백했다. 강고한 신정神政 왕국을 건설하고 신민의 절대적 신임 속에 강력한 왕권을 확립했지만 '주님 앞에 선' 다윗의 정체성은 광야 시절 '목자의 양' 그대로였다. 자신과 백성들을 '나그네', '거류민'이라고 표현한 것은 그가 거머쥔 왕권도 그가 통치하는 영토도 결핍 아이덴티티를 계승한 그에게 주어진 풍요이지 결코 자신의 것일 수 없다는 의미다. 신조信祖 아브라함이 부여받고 광야 신민들이 계승한 '결핍-풍요' 아이덴티티는 풍요에 자만하지 않고 결핍에 좌절하지 않는다. 결핍은 풍요의 묘판이고 풍요는 결핍의 방증이기 때문이다.

시편 23편은 다윗과 신민이 목자의 돌보심이 없으면 생존할 수 없는 절대 결핍의 실존임을 표방한다. 강국을 세우고 왕이 됐어도 다윗과 신민의 정체성은 변하지 않는다. 아니 변할 수 없고 변해선 안 된다. 그들이 누리는 풍요는 (그들의) 결핍에 대한 (신의) 채움이기에 그렇다. 결핍이 해소되면, 즉 결핍의 정위를 이탈하면 풍요는 중단된다. 40년 광야 생활의 주식이었던 만나는 광야 결핍에 대한 채움이었다. 백성 중 누구도 모자라지 않게, 남기는 경우도 있을 만큼 만나는 충분하게 공여됐다(출애굽기 16:12, 18, 20).

흥미로운 건 만나의 유통기한이다. 5일간은 매일 하루 치 만나를 거두되 제6일에는 익일인 안식일 분량까지 2일 치를 거두게 했다. 그런데 5일간 거둔 만나의 경우 혹 남아서 보관해 두면, 다음날 어김없이 부패한 반면, 제6일에 거둔 만나는 다음날까지 부패하지 않았다(19~20절, 24절). 어떤 이들은 안식일 명령을 어기고 안식일에 만나를 거두려 했지만 실패했다.

거두는 시점에 따라 만나의 유통기한이 다른 점, 그리고 제7일엔 만나가 주어지지 않은 점은 결핍이 만나 공여의 절대적 배경임을 노정한다. 제5일까지의 만나는 하루하루의 결핍을 위해 주어진 것이므로 그 기간 중 남은 만나는 결핍과 무관하기 때문에, 즉 '결핍-풍요' 메커니즘에 부합하지 않기에 폐기 처분 대상이다. 이에 반해 제6일에 거둔 만나 중 남은 건 제7일의 결핍을 위한 것이기에, 즉 '결핍-풍요' 메커니즘에 부합하기에 폐기 대상일 수 없다. 안식일에 만나를 거두지 못한 것도 그날의 결핍이 제6일에 이미 해소됐다는 '결핍-풍요' 메커니즘 작동의 결과이리라.

여호와가 나의 목자이어야 내게 부족한 게 없는 결핍 위(上) 풍요. 구약 성서 시 문학의 최고봉 시편 23편은 아브라함과 다윗의 신민들에게 '결핍-풍요' 아포리즘을 통해 신민의 결핍이 현재진행형임을 선언하고 있다. 결핍한데 결핍하지 않은 '결핍-풍요'의 역설적 메커니즘은 신민의 광야가 어제도 오늘도, 그리고 내일도 'ing'일 수 있는 근거가 아닐까?

결핍ing

초심불망初心不忘, '초심을 잃지 않겠습니다.' 일이나 사업이 잘 풀릴 때, 한 해를 성공리에 마무리하고 싶을 때 어쩌면 부자 몸조심(?)
차원에서 다짐하곤 하는 '초심ing' 결의는 기실 '결핍-풍요' 아포리
즘과 궤를 같이한다. 초심은 결핍의 상황을 내포한다. '초심ing' 결
의는 결핍의 때를 기억하여 성공이나 출세에 자만하지 않고 겸비
모드를 유지하겠다는 다짐으로서, 올챙이 시절을 잊지 않는 개구리
로 살겠다는 의지 표명이다. 왜 초심불망인가? 올챙이 시절을 잊고
함부로 웅덩이를 이탈한 개구리 앞엔 거북등처럼 갈라진 한발旱魃
의 황량한 대지가 기다리고 있기 때문이다. 잘 나갈수록 겸비 모드
를 견지한다는 초심불망 결의는 결핍을 이탈하면 풍요가 중단된다
는 '결핍-풍요' 메커니즘을 확인시켜준다.

"나는 날마다 죽노라"(고린도전서 15장 31절)

이방 세계 전도 사역 후반기,
타지에서 고린도 교회의 흉흉
한 소식을 접한 사도 바울은 각
별한 애정과 눈물로 일궈 낸 교
회를 향해 '죽음ing' 결의를 선
언한다. 그리고 그로부터 얼마
안 있어 보낸 두 번째 편지에
서 사도는 '약함 중 강함' 메시
지(고린도후서 12:5~10)를 통
해 '약함ing' 결의를 공포한다. 죽음ing와 약함ing, '결핍ing'의 심화
버전이다. 죽어야 살고 약해야 강해진다는 사도의 '결핍ing'는 그의

전도 사역의 동력이 결핍에 있음을 노정한다. 결핍은 그러므로 1세기 대사도에게도 21세기 대배우에게도 살아갈 원동력이며 감사할 대상이었다.

11. '배·남·주 커플':
'결코 일섬—閃' 아포리즘

"소유는 결코 만족을 주지 못하고
욕망은 결코 채워지지 않는다."

'배 · 남 · 주' 배워서 남 주자 커플
– '결코 일섬—閃' 아포리즘

"어리석은 자여 오늘 밤에 네 영혼을 도로 찾으리니
그러면 네 예비한 것이 뉘 것이 되겠느냐"

-누가복음 12장 20절-

맨몸으로 만나 가정을 꾸린 신혼부부가 있었다. 공무원 남편의 월
급으로 살아야 하는 빠듯한 살림이지만 서로를 향한 사랑과 신뢰가
있기에 부부의 반지하 단칸방은 행복한 미래를 가꾸는 보금자리다.
아이가 생겼다. 그런데 기쁨과 함께 문제가 닥쳤다. 날씨가 쌀쌀해
져 방에 딸린 작은 부엌에 있는 보일러를 가동하는데 등유 보일러
특유의 역겨운 냄새가 방문 틈 사이로 들어오는 게 아닌가. 두통까
지 유발하는 상황이 되자 태어날 아기가 염려된 부부는 고심 끝에
이사를 결심한다. 월세로 몇 년 살면서 저축을 한 뒤 방을 늘려 이
사 가려던 계획에 차질이 빚어진 것이다.

넉 달 앞둔 출산을 위해 이사할 보증금을 마련해야 했다. 남편의 주 수입은 월급이지만 통장을 살찌우는 일등공신은 '사이드 머니'였다. 그런데 3~4일마다 생기는 사이드 머니로는 출산일을 맞춰 이사하기가 어렵다고 판단한 남편은 신께 간청한다: "태어날 아이를 위해 목돈이 필요하니 사이드 머니를 매일 얻게 하소서!" 일용할 양식이 아닌 '일용할 뇌물' 기도를 드리곤 양심이 저려 오자 그는 다짐한다: "하루 분량을 얻으면 결코 그 이상을 탐하지 않겠습니다." 당장 시급한 보증금만 마련되면 손 털겠다는 청렴 복귀 선언까지 하고 출근한 남편은 그날 저녁 퇴근 후 돌아와 아내에게 당일 실적을 내밀며 말했다: "우리 대출받아 이사합시다."

탐욕의 실체

갑작스러운 입장 선회의 이유를 남편은 이렇게 토로했다: "오늘 일용할 실적이 들어왔어. 그런데 그걸 호주머니에 넣는 순간 '한 건 더 들어오면 좋겠다'라는 속삭임이 들리는 거야." 일용할 실적을 얻으면 그 이상을 바라지 않겠다는 다짐은 사라지고 욕망의 노예가 되어가는 자신을 발견한 남편은 손절매하듯 뇌물과의 결별을 공포했다. 기도한 대로 됐는데 다짐한 대로 되지 않는 탐욕의 실체를 맞닥뜨린 남편은 그렇게 청렴 대열에 조기 복귀했고, 공무원 대상 저리 융자를 받은 부부는 도시가스 난방을 갖춘 호화(?) 전셋집으로 이사해 예쁜 공주님을 낳았다.

탐욕의 실체! 양심의 소리 듣고 그가 빠져나온 탐욕의 실체는 무엇일까? 수뢰 공무원에서 청렴 공직자로 거듭나는 데 결정적인 기

여(?)를 한 탐욕의 속삭임에서 그는 뭘 깨달은 걸까? 그 해답의 실마리를 한 영화에서 찾을 수 있을 것 같다. 2019년 개봉되어 탄탄한 서사를 바탕으로 긴박감 넘치게 전개되는 미스터리 추리물로 호평을 받은 영화 〈Knives out〉은 탐욕의 실체가 무엇이고 탐욕에 붙들린 결말이 어떠한가를 보여 준다.

베스트셀러 작가로 부와 명성을 쌓은 소설가가 자신의 85세 생일날 집에서 돌연 사망한다. 그의 세 자녀는 재산 상속을 기대했지만 변호사가 공개한 유언장에는 소설가의 전담 간호사에게 전 재산이 상속됐다고 적혀있었다. 아버지의 재산을 탐하는 자식들의 욕망과 비뚤어진 가치관을 한탄했던 소설가는 자신을 정성껏 돌본 이민자 출신 간호사에게 재산 모두를 상속하기로 미리 공증해 둔 것이었다.

노 소설가가 뒤늦게 깨닫고 후회한 건 무엇일까? 그것은 인간의 채워지지 않는 탐욕의 구렁텅이가 아니었을까? 아버지로부터 받은 또는 받고 있는 물질적 도움에 만족할 줄 모르고 그 이상을 원하는 욕망의 무저갱을 그는 자식들에게서 보았다. 모든 것을 빨아들이는 블랙홀처럼 인간의 숭고한 가치와 양심까지 삼켜버리는 탐욕의 소용돌이로부터 탈출하려는 처절한 몸부림을 그의 유언장에서 읽을 수 있다. '더 가지고 더 차지하라 그리하면 행복할 것이다'라는 욕망의 속삭임을 노 소설가도 그 공무원 남편도 들었다. 바로 그때 섬광 같은 깨달음이 이들을 정신 들게 했다. 마실수록 목마른 바닷물처럼 돈과 재물은 가질수록 갈증을 유발하고 공허할 뿐이라는 대오각성은 그렇게 이들을 탐욕의 마수에서 구원했다.

결코 일섬

노 소설가와 젊은 공무원의 대오각성. 하나는 미국 할리우드 영화이고 다른 하나는 대한민국 청년 부부의 실제 상황이지만 두 사례의 주인공들이 깨달은 건 같았다: '소유는 결코 만족을 주지 못하고 욕망은 결코 채워지지 않는다.' 세대와 국가, 인종을 초월한 이들의 '결코 일섬一閃' 깨달음은 욕망 추구의 결말을 노정하는 성서의 교훈을 떠올리게 한다. 신약 성서 누가복음은 두 명의 부자를 소개한다. 부자 A는 그해 밭농사가 잘 되어 풍성한 소출을 저장할 창고를 새로 지을 계획을 세우고(12장 16~18절), 부자 B는 날마다 성대한 잔치를 벌이며 호화로운 생활을 즐긴다(16장 19절).

풍성한 소유를 한껏 누리며 살아가던 두 부자에게 신으로부터 책망 또는 형벌이 내려진다.

"하나님은 이르시되 어리석은 자여 오늘 밤에 네 영혼을 도로 찾으리니 그러면 네 예비한 것이 뉘 것이 되겠느냐"(12:20)

"부자도 죽어 장사되매 저가 음부에서 고통 중에"(16:22~23)

부자 A는 소출과 재물을 창고에 쌓아놓고 이것들을 누리며 살겠다고 다짐한다. 그때 들리는 신의 음성은 부자 A의 죽음 고지다. 죽으면 재물이 무슨 의미가 있겠느냐는 일반론적인 언술로 들리는 고지이지만 헬라어 원문은 다르다. "네 영혼을 도로 찾으리니"(12:20)를 직역하면 '그것들(소출과 재물)이 너로부터 네 생명을 청구한다.'이다. 쌓아놓은 재산 때문에 죽게 될 것이라는 경고가 담겨있다. 부자 A는 부의 축적에 몰두한다. 부가 쾌락과 만족을 줄 것이라고 믿기 때문이다. 그러나 바로 그 부 때문에 그는 돌연사를 고지받는다. 부 자체가 죽음 고지의 소이연이 아니라 부를 오로지 자신을 위해서만 사용하려 축적했다는 게 급살 운명을 촉발했다고 보는 게 맞을 것이다.

부자 B는 흡사 부자 A의 사후 상황을 보는 듯하다. 호화로이 연락宴樂하는 삶을 살다 죽어 음부陰府에서 불꽃 중에 고통받는 장면이 묘사되어 있다. 흥미로운 건 부자 A의 돌연사 고지가 부의 이기적 축적에 따른 것인 것처럼 부자 B 역시 마찬가지란 점이다.

> "나사로라 이름한 한 거지가 헌데를 앓으며 그 부자의 대문에 누워 부자의 상에서 떨어지는 것으로 배 불리려 하매"(16:20~21)

온몸에 상처를 입은 거지 나사로가 그의 집 대문 앞에 방치된 상태(*누가복음 16장 20절은 '나사로가 누워'라고 표현했지만, 원문의 동사는 '발로'[βάλλω=던지다, 두다, 놓다]의 3인칭 단수 과거완료 수동태로서 '나사로가 부자에 의해 방치됐었다'가 올바른 번역이다)에서 사망했다는 정황은 병약한 걸인을 돌아보지 않은 부자 B의 이기적 행태를 극명하게 보여준다. 부자 A와 마찬가지로 부자 B

도 부의 이기적 축적과 과용過用 때문
에 음부 형벌에 처해진 것이다. 부의
축적과 과용으로 쾌락과 만족을 추구
하는 두 부자에겐 노 소설가와 젊은
공무원에게 나타났던 '결코-일섬' 깨
달음이 없었다. 누가복음은 두 부자
의 급살과 음부 형벌이 이기적 재물
축적에서 기인한 것이라는 점을 명시
한다.

'배·남·주' 커플이 있다. 신혼 초부터 '배워서 남 주자' 아포리
즘을 모토로 살아온 3년 차 부부는 커피 한 잔을 아껴서 기부하고
결혼 이후 줄곧 작은 교회를 섬기며 꾸준히 헌혈에 동참하는 등 그
들의 재능과 가진 것으로 이웃을 돕는다. 커플 중 아내는 30여 년
전 '결코 일섬' 깨달음 끝에 뇌물이 아닌 대출로 마련한 도시가스
집에서 태어난 그 아기이다. 소유와 재물은 행복과 만족을 줄 수 없
다는 대를 이은 깨달음의 결실이리라.

12. 오라토리오 〈메시아〉는 왜?:
부활의 죽음, 그 생명의 원리

헌델의 메시아

MESSIAH

"기쁨 환호 열광이 사라진 세밑
한 모퉁이에서 오라토리오 〈메시아〉의
마지막 곡을 듣는다."

오라토리오 〈메시아〉는 왜?

– 부활의 죽음, 그 생명의 원리

"죽임을 당하신 어린양이 능력과 부와 지혜와 힘과 존귀와
영광과 찬송을 받으시기에 합당하도다"

-요한계시록 5장 12절-

게오르그 프리드리히 헨델Georg Friedrich Händel(1685~1759)의 〈메
시아〉는 그리스도의 탄생부터 수난과 죽음, 그리고 부활에 이르는
메시아의 일대기를 집대성한 작품으로 총 3부 16개 장, 53개 합창
과 독창, 이중창으로 구성된 오라토리오다. 서양 클래식 음악 역사
상 가장 많이 알려진 종교음악으로서 해마다 성탄절을 맞아 세계
각지에서 연주되는 이 오라토리아를 접할 때마다 사람들은 궁금해
한다: '왜 합창곡 〈할렐루야〉가 연주될 때마다 청중들이 자리에서
일어날까?' 1743년 런던 초연 때 영국 국왕 조지 2세가 이 코러스
를 듣고 감동에 겨워 자리에서 일어서자 모든 청중도 기립한 상태

로 연주를 감상했고 그 이후부터 이 노래가 시작될 때마다 청중들이 일어나는 관습이 이어져 온다는 전설 아닌 전설 같은 후문은 세간에 잘 알려져 있다.

그런데 필자에겐 궁금한 게 하나 더 있다: '왜 〈할렐루야〉 합창은 〈메시아〉의 마지막 곡이 아닐까?' 웅장하고 화려한 선율의 〈할렐루야〉는 두 시간이 넘는 장대

한 파노라마의 피날레로 딱 그만이다. 모든 청중이 자리에서 일어나 메시아의 부활과 승리를 기뻐하고 찬미하는 감동의 도가니에서 대단원의 막을 내리는 건 자연스럽다. 오라토리오를 대표하는 곡으로 〈할렐루야〉가 세인들에게 각인된 것 또한 부인하기 어렵다.

그런데 정작 〈메시아〉의 마지막 곡은 〈죽임당하신 어린양〉이다. 제2부 마지막 곡인 〈할렐루야〉 합창이 끝날 때 열광적인 박수를 보내던 청중은 다시 자리에 앉아 차분한 톤으로 시작되는 제3부 소프라노 아리아를 들어야만 한다. 이 장면이 뭔가 어색하다는 느낌은 대가의 깊은 뜻을 헤아리지 못하는 범부凡夫의 어리석음일까?

왜 "죽임당한 어린양"인가?

헨델은 친구에게서 받은 대본에 따라 단 24일 만에 곡을 완성했는데 그 대본은 구약 성서와 복음서, 그리고 요한계시록의 순서대로 작성됐다. 오라토리오 〈메시아〉는 이렇게 그리스도의 일생에 관한

성서의 기록에 따라 작곡됐으므로 성서의 마지막 책인 요한계시록의 본문(5장 '천상의 경배')을 주제로 한 곡으로 오라토리오의 대미를 장식하는 건 당연한 수순이겠다. 그런데 여기에도 의문이 남는다: '왜 하필 "죽임당한 어린양"인가?' 요한계시록에는 부활 승천 이후 천상계의 중심으로 우뚝 선 예수 그리스도의 위엄과 통치를 선포하는 장면들이 많다. 계시를 하달하는 장면과 심판을 집행하는 장면에서 그리스도는 왕과 권세자의 모습으로 등장한다(요한계시록 1:13~16; 19:12~16).

왕권을 상징하는 디아데마(관)를 쓰고 만왕의 왕이란 표호의 옷을 입고 백마를 탄 채 만국을 심판하는 그리스도(19:12~16)를 찬양하는 장면은 얼마나 멋진 엔딩인가. 요한계시록에는 이처럼 화려하고 장엄한 메시아를 묘사한 장면들이 있는데 왜 오라토리오 〈메시아〉는 참혹하게 죽임당한 몰골의 어린양을 노래하는 합창곡으로 끝나는 걸까? 〈메시아〉의 작사가는 왜 화려하고 경쾌한 〈할렐루야〉가 아닌 〈죽임당한 어린양〉이란 비극적 서사곡으로 오라토리오를 마치는 걸까? 의문을 풀어줄 실마리는 죽임당한 어린양, 즉 '어린양이 죽임당했다'의 의미에 있다.

"내가 또 보니 보좌와 네 생물과 장로들 사이에 어린양이 섰는데 일찍 죽임을 당한 것 같더라"(요한계시록 5:6)

일명 '천상의 경배'에서 경배의 대상으로 등장한 어린양은 죽임당한 몰골로 서 있다. 요한계시록에서 어린양의 죽음은 타자他者를 위한 대속의 죽음이다(1:5; 5:9; 7:14; 14:4). 예수 그리스도인 어린양의 죽음은 남의 죄의 벌을 대신 짊어지고 죽는 대속 제물로서의 죽음을 의미하는데 죽임당한 어린양이 서 있다는 건 그가 살아났다, 즉 부활했음을 뜻한다. 죽임당한 어린양은 그러므로 '사활동체死活同體', 즉 죽음과 부활이 공존하는 존재로 경배를 받는다. 제물로 죽임당했는데 다시 살아났다는 것은 대속의 죽음이 패배가 아니라 진정한 승리임을 명징한다. 죽음의 승리, 곧 죽음으로 얻어진 승리이다.

"죽임을 당하신 어린양이 능력과 부와 지혜와 힘과 존귀와 영광과 찬송을 받으시기에 합당하도다"(요한계시록 5:12)

성서는 죽임당한 어린양이 경배를 받기에 합당하다고 말한다. 천상의 경배를 받는 영화로운 장면에서 왕중왕의 모습이 아닌 죽임당한 참혹한 몰골이 경배의 대상으로 설정된  것은 어린양의 죽음이 참 승리의 표상이기 때문이다. 영화로운 그리스도의 일생을 노래하는 장려壯麗한 대서사시 〈메시아〉가 정작 영광, 위엄, 화려함과 무관한 패배자 형상을 테마로 한 합창곡으로 끝나는 이유가 여기에 있다. 죽임을 당한 어린양에 심판 결행의 권한이 주어지고(요한계시록 5:2; 6:1), 성부가 받으시는 찬미를 죽임당한 어린양이 공유한다. 어린양의 죽음은 실패도 패배도 아니다. 만유 심판권과 피경배권은 죽음으로 승리한 메시아의 특권이다.

오라토리오 〈메시아〉의 피날레 〈죽임당하신 어린양〉은 인류의 속죄를 위한 메시아의 죽음과 부활이 성취됐음과 그 죽음이 진정한 승리의 시원始原임을 선포한다. 메시아는 악인들의 손에 붙잡혀 모함을 받아 죄 없는 죽음을 죽었다. 예수 그리스도의 죽임당함은 내용에 있어서는 대속 제물로서의 죽음이면서 형식에 있어서는 악에 의한 억울한 죽음이다. 그의 부활은 그러므로 속죄의 완성을 선포함과 동시에 악에 대한 최종 승리를 확증한다. 천상의 경배에서 왕의 모습이 아닌 죽임당한 몰골로 경배받는 이유, 그리고 오라토리오 〈메시아〉가 〈할렐루야〉가 아닌 〈죽임당한 어린양〉으로 끝나는 이유는 인류의 죄 대속과 악에 대한 승리가 예수 그리스도의 죽음으로 성취됐기 때문이다.

죽음으로 인한 승리

죽음으로 인한 승리. 이것이 "죽임당한 어린양" 주제가 전하는 메시아 복음이다. 앞에서 언급한 대로 오라토리오 〈메시아〉는 전 세계가 크리스마스를 기념해 연주하는 성탄 테마곡이다. 메시아의 탄생을 기념하는 날 메시아의 죽음을 공포하는 합창이 지구촌 곳곳에서 울려 퍼지는 것이다. 사람들은 메시아의 부활, 영광, 왕권을 찬미하는 〈할렐루야〉 합창으로 마무리되는 오라토리오를 기대했겠지만, 헨델은 메시아의 참혹한 죽음을 상기시키는 합창을 피날레로 선택했다. 요한계시록 천상의 경배와 오라토리오 〈메시아〉는 경배의 대상과 신앙의 대상으로 "죽임당한 어린양"을 만천하에 공포함으로써 성탄의 요체가 그리스도의 죽음에 있음을 천명한다.

메시아 복음의 핵심이 그리스도의 죽음이라는 건 복음서에서 명확하게 나타난다. 마태복음과 누
가복음이 전하는 아기 예수 탄생
이야기는 메시아의 탄생이 죽기
위한 탄생임을 명징한다. 동방의
마고스들이 아기 예수에게 예물
로 드린 몰약(마태복음 2:11)은 시신의 부패를 방지하거나 사형수
의 고통을 덜어주는 마취 용도로 사용된다. 마고스들의 착각으로
촉발된 베들레헴 일대의 영아 학살 참사(마태복음 2:1~10, 13~18)
가 전하는 암울한 핏빛 이미지는 성탄의 비의秘義를 암시하는 죽음
의 전조였다.

　예수는 그의 공생애 중에 자기 죽음의 당위성과 필연성을 공개적
으로 밝혔다. 구약 성서 요나의 3일간의 죽음(물고기 뱃속에 머묾)
을 인용하여 자신의 3일간의 죽음(땅속에 머묾)을 유대교 지도자
들 앞에서 예언했고(마태복음 12:39~40) 제자들에게도 자기 죽음
을 직접 알렸다(마태복음 16:21; 17:22; 20:18~19, 28; 26:12).

　예수의 '수난 고지受難告知'는 제자들에게 충격 그 자체였다
(17:23). 세베대의 두 아들 야고보와 요한은 세 번째 수난 고지
(20:18~19)를 듣고 모친을 통해 예수께 청탁을 넣었다(20~21
절). 이 일로 제자들 사이에서 내분의 조짐이 보이자 예수는 제자
들을 모아놓고 자기의 죽음이 대속물로서의 죽음이라는 점을 언명
한다(28절). 수제자 베드로는 예수의 수난 고지에 거칠게 항의하
다 '사탄 빙의자'라는 질책을 들어야 했다(16:21~23). 스승을 잡으
러 온 무리를 향해 칼을 뽑은 제자에게 칼을 거두라는 예수의 명령

(26:51~52)은 자신이 죽어야 함과 죽을 수밖에 없음을 노정한다.

복음서가 보도하는 예수의 죽음은 대속을 위한 죽음이며 부활로 이어지는 생명의 죽음이다. 부활은 죽어야 가능하다. 죽지 않으면 살아날 수 없다. 그리스도의 일생에서 죽음이 중심인 이유다. 예수의 수난 고지는 그의 죽음 행로에 위기가 닥쳤을 즈음 주어진다. 첫 번째 수난 고지(마태복음 16:21)는 광야에서 적은 음식으로 수많은 군중을 배불리 먹인 두 차례의 기적 사건(14:13~21; 15:32~38)을 배경으로 한다.

초자연적 음식 분여分與 기적은 갈릴리 지역은 물론 유대 지역에까지 알려져 예루살렘 지도자들이 예수를 찾아와 공세를 퍼붓는 빌미가 됐다(15:1; 16:1). 분여 기적 직후 예수는 군중을 분산시킨 다음 배를 타고 현장을 떠난다(14:22; 15:39). 자신의 유명세를 경계한, 아니 차단한 행동이다. 자기가 그리스도인 것을 일절 발설하지 말라는 경고(16:20) 직후에 첫 번째 수난 고지가 주어졌다는 것은 유명세가 죽음 행로에 장애가 될 수 있음과 예수의 죽음이 복음서를 관류하는 주제임을 명징한다.

죽음을 위한 탄생

죽기 위해 태어난 아기 예수. 그의 탄생은 죽음을 위한 탄생이며 그 죽음은 대속과 부활을 위한 죽음이므로 예수의 탄생은 미증유의 출생, 언필칭 '성탄'이 맞다. 전 세계인이 기념하는 크리스마스는 복음서의 구유 탄생에서 시작하고 요한계시록의 죽임당한 어린양으로 완성된다. 복음을 복음 되게 하는 건 죽음이다. 예수 그리스도가 심판의 주체가 되고 만유 경배의 대상이 되게 하는 건 그의 죽음이다(요한계시록 5:9, 12). 성탄의 의미를 완성하는 건 예수의 부활도 높아짐(승귀昇貴, exaltation)도 아닌 그의 죽음이다. 이방 종교는 신의 죽음보다 신의 영존을 찬양하고 참담한 몰골이 아닌 영화로운 형상의 신을 부각한다. 그러나 역사적 예수의 일생을 담은 복음서와 신앙 대상으로서의 그리스도를 묘사한 요한계시록은 예수 그리스도의 죽음에 방점을 찍는다. 이것이 메시아의 거룩함, 곧 구별됨이다.

암세포는 죽음을 모른다. 인체 내 정상 세포가 1초에 50만 개가 죽고 또 50만 개가 재생되는 반면, 암세포는 죽지 않고 무한증식에 몰두한다. 죽음(자기 부인, 양보, 물러남, 절망, 고통, 울음)을 거부하는 존재는 그래서 암적 존재다. 죽음의 영원한 현재성과 부활의 표상으로서 죽임당한 어린양은 죽어야 다시 사는 생명 원리를 공포한다. 죽는 것이 곧 사는 것이다. 나무는 죽음 같은 극한極寒을 통과한 뒤 새싹이 움트는 부활의 순간을 맞는다. 예수의 죽음을 몸에 짊어질 때 예수의 생명이 자신의 몸에 나타난다는 사도 바울의 통찰(고린도후서 4:10~11)은 그로부터 40여 년 후 유배지 밧모섬 노老 사도 요한의 환상 중 보인 어린양의 사활동체 형상에 잇닿아 있다.

코로나 팬데믹 여파와 우크라이나 전쟁의 장기화, 그리고 '10.29 참사'의 아픔까지 더해 어느 해보다 암울한 연말을 맞고 있다. 성탄절과 연말 분위기에 들뜬 인파들로 붐볐던 골목골목엔 무거운 적막이 불 꺼진 점포들을 휘감고 있다. 기쁨 환호 열광이 사라진 세밑 한 모퉁이에서 오라토리오 〈메시아〉의 마지막 곡을 듣는다.

'죽임당하신 어린양, 그 피로 우리를 구원하셨네.'
'그에게 능력과 부와 지혜와 힘과 존귀와 영광과 찬송을 돌리세.'

죽음의 그림자가 드리운 세말의 지구촌에, 죽음으로 부활한 어린양
의 영화로운 광휘가 비추기를.

13.

메시아 명가와 헤겔:
질그릇론과 정반합 서사

This is
the genealogy
of Jesus the Messiah
the son of David,
the son of Abraham.

Matthew 1:1

"메시아 족보를 둘러싼 정반합正反合

서사는 무엇을 함의하는가?"

메시아 명가와 헤겔

- 질그릇론과 정반합 서사

"아브라함과 다윗의 자손 예수 그리스도의 세계라"

-마태복음 1장 1절-

27권으로 구성된 신약 성서의 첫 번째 책 마태복음은 이렇게 시작한다: "아브라함과 다윗의 자손 예수 그리스도의 세계라." 메시아의 가문을 소개하는 족보의 도입구는 가문의 무게를 공표한다. 여호와 종교의 시조 아브라함의 직계손이며 이스라엘 신정 왕국의 창건자 다윗왕의 적통인 예수 그리스도. 신통信統과 왕통王統, 종교와 권력이 합치된 가문. 예수는 언필칭 이스라엘 민족 역사상 최고 명문가의 후손이다.

그런데 이상한 게 있다. 족보에 이어지는 예수의 탄생 설화(마태복음 1:18~25)는 예수의 동정녀 출생을 언명한다. 동정녀 출생이

뭔가? 혈통과 무관한 탄생이란 말이다. 아브라함과 다윗의 후손인 요셉과 동침한 적이 없는 약혼자 마리아에게 성령으로 잉태된 아기가 태어났다는 기록(18~20절)은 그 아기가 아브라함과 다윗 가문의 혈통이 아니라는 것을 말하고 있다. 앞에서는 명문가의 후손임을 명시하고 뒤에서는 그 가문의 피가 전혀 개입되지 않은 출생이라고 강조하는 복음서의 수사를 어떻게 이해해야 할까?

이상한 족보

이상한 점은 더 있다. 유대인들의 족보에 어울리지 않는 할머니 선조들의 명단이 그것이다.

> "유다는 다말에게서 베레스와 세라를 낳고…살몬은 라합에게서 보아스를 낳고 보아스는 룻에게서 오벳을 낳고…다윗은 우리야의 아내에게서 솔로몬을 낳고"(마태복음 1:3~6)

2절부터 17절까지 40인의 할아버지 조상이 열거되는데 이들 외에 할머니 조상 4인이 추가로 등장한다: 다말, 라합, 룻, 우리야의 아내. 할머니 조상의 이름을 족보에 올리는 건 여자를 인구 통계에조차 산입하지 않는 유대 사회의 관습과 배치된다. 그리고 왜 이들만 콕 집어서 기록했을까? 엄격한 율법 준수를 미덕으로 여기는 유대인들에게 불편한 인물들인 이들이 메시아 족보에 올라있는 것이 기이하다. 명문가임을 선포하는 족보 서두의 도입구와 그 명문가 혈통과 생물학적으로 무관한 출생임을 말하는 동정녀 탄생 설화의 논리적 충돌, 그 충돌 한가운데 위치한 네 여인의 어색한 등장. 얽히고 설킨 마태복음 첫 장의 서사는 궁금증을 자아내기에 충분하다. 세리 출신으로서 치밀한 계산력의 소유자인 마태의 이중적 수사에는 어떤 셈법이 들어있을까?

메시아 족보에 녹명된 4인의 여성

여성을 인구에 포함하지 않는 유대 사회의 관습으로 볼 때 영광스러운 메시아 족보에 여성들을 기록한 것은 무언가 특별한 의도가 있다는 추정이 가능하다. 혹자는 할머니 선조들이 모두 이방인들이라는 점에 착안해서 메시아의 이방계 혈통을 강조하려는 의도일 것이라고 해석한다. 이방 세계로의 복음 전도를 염두에 둔 포석이라는 견해다. 다른 이들은 할머니 선조들이 정상적인 부부관계를 형성했던 인물들이 아니라는 점에 주목한다. 가나안 족속인 다말은 유다의 며느리이고(창세기 38:6, 12), 라합은 아모리 족속의 기생이며(여호수아 2:1), 보아스는 모압 족속 여인 룻 남편의 친척이고(룻기 2:1, 20), 우리야의 아내 밧세바는 헷 족속으로서 우리야는 솔로몬의 충신이다(사무엘하 11:6~13).

율법을 중시하는 보수 유대 사회의 관점에서 정규 부부로 인정받기 어려운 네 커플의 여인들을 메시아 족보에 기록한 마태복음 기자의 의도는 무엇일까? 메시아 가문의 영광을 상징하는 "아브라함과 다윗의 자손", 명문가의 혈통과 무관한 출생임을 알리는 '동정녀 탄생 설화', 그리고 이 양자 간의 논리적 단절 사이에 등장하는 이방 출신 여인들, 이 수수께끼 같은 메시아 족보의 수사법을 이해하기 위해 먼저 "아브라함과 다윗의 자손"이란 표현에 잠시 딴지를 걸 필요가 있어 보인다. 아브라함과 다윗이란 조상이 결코 영화로운 삶만 살았다고 볼 수 없기에 그렇다. 두 사람은 결혼 생활에 있어 큰 오점을 남긴 조상들이다.

이상한 조상

아브라함은 아내를 두 번이나 성 상납한 패륜남이다. 기근을 피해 애굽으로 이주했을 때 사라에게 관심을 보이는 애굽 왕 바로 앞에서 아브라함은 사라를 누이동생이라 속이고 하룻밤 동침을 눈감는다. 아브라함의 비겁한 작태는 권력자의 위

세에 눌린 우발적 행동이 아니라 목숨을 부지하기 위해 짜인 각본이었다(창세기 12:11~13). 그 대가로 아브라함은 노비와 육축들을 하사받지만 여호와의 대노로 바로와 그 가문에 큰 재앙이 임하였고 뒤늦게 진상을 알게 된 바로는 아브라함과 사라, 그들의 가솔들을 서둘러 추방한다.

아브라함의 '아내 공여'는 이후에도 그랄 왕 아비멜렉에게 한 차례 더 이뤄진다. 하지만 동침 직전 꿈을 통해 여호와의 질책을 받

은 아비멜렉은 아브라함에게 후한 하사품을 내리고 거주지까지 제 공한다(20:1~16). 그리고 이 사건 직후 사라는 이삭을 임신한다 (21:1~2). 하마터면 메시아 혈통이 교란될 뻔한 아찔한 사건이었다.

권력자를 위한 성 상납으로 구차하게 연명한 믿음의 조상 아브라 함. 그러면 다윗은 어떨까? "다윗은 우리야의 아내에게서 솔로몬을 낳고". 다른 세 명의 여인들의 실명이 기록된 것과 달리 솔로몬의 모친 이름은 생략됐다. 여인의 이름 대신 그 남편의 이름을 기입함 으로써 국왕이 신하의 아내에게서 낳은 아들이 메시아 계보를 이었 음을 노정한다.

다윗이 누군가. 약관의 나이에 이스라엘의 공적 골리앗을 때려눕 히고 백성들의 전폭적인 지지 속에 촌로의 자식에서 일국의 부마로 등극한 민족적 영웅이 아닌가. 사위 삼겠다는 왕의 두 차례 제안을 완곡히 거절할 만큼 겸비한 청년이었다(사무엘상 18:17~23). 그뿐 인가. 사울 왕의 핍박을 피해 10년여에 걸친 피 말리는 도피 생활 중에도 여호와를 향한 경외의 신앙을 간직한 다윗은 사울을 죽일 수 있는 절호의 기회마저 신의 주권에 맡기는 충심을 보였다(사무 엘상 24:1~7; 26:6~12).

승승장구 출세 가도를 달리면서도 '나는 가난하고 천한 집안 자 식'이란 고백을 잃지 않은 다윗(사무엘상 18:23). 온 백성의 열화 같은 성원과 신의 택정으로 왕이 되어 강력한 통일왕국을 건설하는 과정에서도 경외와 겸비의 자세를 견지한(사무엘하 5:12; 7:18) 다 윗왕이 우리야의 아내에게서 솔로몬을 낳았다? 왜 마태복음 기자 는 밧세바를 빼고 우리야 세 글자를 녹명했는가? 백성과 신으로부

터 전적인 신뢰를 받은 절대 권력자가 소위 '밧세바 신드롬'의 원조
란 사실을 마태복음서 기자는 억울하게 죽은 우리야의 이름을 족보
에 넣어 인류 정신사에 각인하려 했던 게 아닐까?

왕이 내린 특별휴가조차 전황을 염려해 고사한 우리야를 다윗
은 기어코 불리한 전쟁터로 보내 전사하게 한다. 밧세바 사건은 신
과 백성의 전폭적인 지지를 기반으로 거머쥔 왕권을 정욕의 수단으
로 악용한 최악의 권력형 성 스캔들이다. 적의 칼을 빌려 충신을 죽
이고 그의 아내를 차지한 다윗왕의 만행을 마태복음 기자는 메시아
족보를 통해 고발한다. 그리고 묻고 있다. 메시아의 가문이 명문가
인지를.

오점과 오류의 가문

굳이 기록하지 않아도 되는 할머니 조상을, 그것도 명예롭지 못한
인물들을 족보에 기록하고 충신 우리야의 이름까지 명기한 것은 단
지 메시아의 가문을 흠집 내려는 시도일까?

다시 마태의 셈법을 찾아가 보자. 이스라엘 최고의 명문가 탄생
을 알리는 족보의 서두, 그 명문가와 무관한 혈통임을 밝히는 동정
녀 탄생 설화, 그 사이에 위치한 네 명의 여인들은 두 서사 간 논리
적 간극을 중재한다. 신통과 왕통의 상징인 아브라함과 다윗의 성
스캔들은 메시아 가문의 치명적 오점이지만 신은 그 오점에도 불구
하고 메시아 계보를 잇는다. 스캔들 시조에 이어 등장하는 결격 여
인들을 통한 계보 승계 역시 인간의 오류를 딛고 섭리를 이루어가
는 신의 경륜을 명시한다. 두 시조와 네 명의 할머니 조상들에 의해

연출된 오점과 오류의 막장 드라마는 인류를 구원할 메시아 탄생의 배경으로 택용됐다.

"아브라함과 다윗의 자손 예수 그리스도의 세계"는 그러므로 메시아 가문을 공표하는 타이틀이기도 하지만 오히려 그것은 메시아가 인간 군상들의 오점과 오류를 모판 삼아 세상에 왔다는 선언이기도 하다. 신통과 왕통이 합치된 메시아 명가는 기실 탐욕과 욕정으로 얼룩진 세속의 명문가들과 다르지 않다. 아브라함과 다윗의 가문이 메시아 탄생의 묘상이 된 건 신의 은택이지 그들의 훌륭함 때문이 아니다. 선지자 나단의 입을 빌려 다윗의 만행을 질책할 때 여호와께서는 다윗의 악행으로 인해 자신이 모멸을 당했다고 토로했다(사무엘하 12:10).

이윽고 다윗의 범죄에 대한 강력한 징계가 선포되지만, 여호와는 다윗의 목숨과 왕위를 거두지 않았다(12:10~13). 그것은 밧세바 사건 전 주어진 왕위 계승 약속(7:12~17) 때문이었다. 신에게 배신과 모멸감을 안긴 다윗이 살아남은 건 전적으로 신의 은혜였다. 명가 탄생을 알리는 족보 타이틀은 그러므로 인간의 오점과 오류, 그리고 오욕까지 끌어안는 신의 경륜을 오롯이 담고 있다(*밧세바가 낳은 아이가 7일간 사경을 헤매다 다윗의 품 안에서 숨을 거둠으로써 다윗은 자신의 죄 때문에 자식이 죽어가는 것을 지켜보는, 인간이 겪을 수 있는 최고의 고통을 징벌로 받았다).

정반합 창조 및 구원 서사

여기서 흥미로운 것은 '메시아 가문 생성 선언-가문의 오점과 오류-메시아 탄생'이라는 서사가 정반합 논리에 부합하고 있다는 점이다. 메시아 가문 생성 선언이 정正, these이라면 네 여인으로 상징되는 가문의 오점과 오류는 정에 대한 반反, antithese의 논리이고 메시아 탄생은 정과 반이 융화된 합合, synthese에 해당한다. 메시아 가문(정)의 내면에 배태된 모순(반=오점과 오류)을 해소하는 아기 예수의 탄생(합). 이렇게 신약 성서 첫 책의 첫 장을 관통하는 정반합 논리는 구약 성서의 첫 번째 책 창세기 1장에도 등장한다.

> **"태초에 하나님이 천지를 창조하시니라 땅이 혼돈하고 공허하며 흑암이 깊음 위에 있고 하나님의 신은 수면에 운행하시니라"(창세기 1:1~2)**

> **"하나님이 가라사대 빛이 있으라 하시매 빛이 있었고…하나님이 그 지으신 모든 것을 보시니 심히 좋았더라 저녁이 되며 아침이 되니 이는 여섯째 날이니라"(3~31절)**

'천지 창조 선언(정)-혼돈 공허 흑암(반)-육일 간의 만물 창조(합)'라는 창세기 1장의 정반합 서사는 만물의 생성이 혼돈과 공허와 흑암을 극복하는 과정이며 동시에 그 결과임을 보여 준다. '반'의 모순을 제거하는 게 아니라 모순에도 불구하고, 모순을 배경으로 신의 창조가 이뤄졌다는 창세기 1장의 정반합 서사는 오점과 오류로 점철된 가문에서 메시아가 탄생했다는 마태복음 1장의 서사와 맥을 같이한다. '정'에 '반'한 모순을 극복한 '합'이라는 성서의 창조와 구원 서사는 복음 전도에도 적용된다.

"형제들아 너희를 부르심을 보라 육체를 따라 지혜 있는 자가 많지 아니하며 능한 자가 많지 아니하며 문벌 좋은 자가 많지 아니하도 다 그러나 하나님께서 세상의 미련한 것들을 택하사 지혜 있는 자 들을 부끄럽게 하려 하시고…"(고린도전서 1:26~27)

'보배를(정) 질그릇에 (반) 담다(합)'(고린도 후서 4:7). 구약 성서와 신약 성서의 서두에 나 타나는 정반합 서사는 사도의 삶과 사역을 관통하여 실현됐다. 성서의 정반합 창조와 구 원은 정반합이 구현된 이들을 통해 오늘도 전해진다. 보배를 질그 릇에 담는다는 고백은 '질그릇이기 때문에'라기보단 '질그릇임에 도'의 의미일 것이다. 보배가 담긴 질그릇은 그래서 '보배 그릇'이 다. 아브라함과 다윗의 가문은 비록 모순투성이이고 그 옛날 화려 했던 왕가의 영화는 더 이상 찾아볼 수 없지만, 그 모든 오점과 오 류들에도 불구하고 메시아를 담은 그릇, 곧 메시아 명가가 됐다.

14.

오지라퍼 고용주:
성서가 제시하는 기본소득론

선한 포도원 주인—살로몬 코닝크(Salomon Koninck, 1640년)

"근로 시간과 무관한 동일 임금 지급.
농장주의 인건비 과잉 지출은 괜한 오지랖 아닌가?"

오지라퍼 고용주

– 성서가 제시하는 기본소득론

"이 사람에게 너와 같이 주는 것이 내 뜻이니라"

-마태복음 20장 14절-

코로나 팬데믹 발생 초기, 관광지 코로나 방역 관련 일을 한 적이 있었다. 방문객의 발열 체크와 방명록 작성 및 마스크 착용을 안내하는 일이어서 출입문에서 업무를 봤다. 기간제 근로자인 필자 외에 매표와 관리 업무를 담당하는 공무직 여사 두 분이 상근하는 형태였다. 퇴직이 6개월 남은 A 여사와 6년 남은 B 여사는 서로 언니 동생 하는 가까운 사이였다. 근무한 지 두 달여 되던 12월 어느 날, 출근해 보니 반가운 선물이 와 있었다. 출입구에서 종일 추위에 떨었던 내 몸을 덥혀줄 전기난로였다. 그런데 이 고마운 난로 설치엔 우여곡절이 있었다.

소문난 오지라퍼

실내 난방이 미치지 않는 출입구 한파를 온몸으로 견뎌야 했던 신참이 안쓰러워 B 여사가 창고에 있던 난로와 난로 전원을 연결할 전원 코드를 마련해 준 것이다. 우여곡절인즉슨 동료를 위한 배려가 제대 6개월 앞둔 사수射手에게 오지랖으로 비쳤다는 후문. 알고 봤더니 B 여사는 소문난 오지라퍼였다. 남의 곤란한 사정을 보면 지나치지 못하는 성격이었다. 한번은 관광지 주차장 한쪽 구석에서 작은 트럭을 세워 놓고 엿을 파는 아주머니가 트럭에서 침낭을 깔고 추위를 견디며 잔다는 얘길 듣곤 자기 집에서 주무시라 했다며 부사수의 오지랖을 사수가 나무랐다. 관광객뿐 아니라 시설을 관리 보수하러 오는 출장 기사들에게까지 과도한 친절을 베푼다는 게 사수의 푸념이었다. 강원도 봉사상 수상자의 그 화려한 오지랖이 누구에겐 치맛바람으로 비치고 누구에겐 산타의 선물과 같으니…. 아무튼 이후로도 B 여사의 오지랖은 사수의 지속적인 견제에도 불구하고 그 활약상을 유감없이 펼쳐 보였다.

오지랖은 좋은 건가 나쁜 건가? 오지랖은 배려인가 간섭인가? 오지랖에 관한 세간의 설왕설래를 여기서 언급하려는 건 아니다. 성서의 오지라퍼를 소개하고자 한다. 포도원 농장 주인이 있었다(마태복음 20:1~16 참조). 포도 수확 철이 되자 주인은 아침 6시에 인력 시장에 가서 일꾼 몇 사람을 고용하고 일당으로 1데나리온을 계약했다. 그 후 주인은 9시에 다시 인력 시장에 가서 아직 일자리를 얻지 못한 몇 사람을 고용한다. 이번엔 일당을 특정하지 않고 알맞은 금액을 주겠다고 계약했다. 그런데 농장 주인의 고용은 이게 끝

일꾼을 고용하는 포도원 주인-얀 뤼켄(Jan Luyken)

이 아니었다. 주인은 12시와 3시에 추가로 몇 사람을 더 고용했고 작업 마감이 한 시간 남은 오후 5시에도 인력 시장에서 또다시 몇 명의 일꾼을 고용했다. 모두 다섯 차례나 일꾼을 고용한 것이다.

오후 6시가 되자 수확을 끝내고 일당을 지급하는데 오후 5시에 들어온 일꾼들에게 먼저 1데나리온이 지급된다. 다른 일꾼들이 술 렁이기 시작했다: '1시간 일한 저들에게 하루 일당을 다 주다니… 그럼 우리에겐?' 그런데 다른 일꾼들에게도 1데나리온씩 지급됐다. 여기저기서 볼멘소리들이 터져 나왔다. 그때, 아침 6시부터 일한 일꾼들이 주인에게 불만을 제기했다: "나중 온 이 사람들은 한 시 간만 일하였거늘 저희를 종일 수고와 더위를 견딘 우리와 같게 하 였나이다"(마태복음 20:12). 12시간 일한 자신들과 동일한 금액의 일당을 불과 1시간 일한 사람들에게 지급하는 것이 불공정하다는 주장이다. 일한 만큼 일당이 지급돼야 한다는 주장, 일견 타당해 보인다.

하지만 속내는 그렇지 않다. 이들의 진짜 불만은, 적게 일한 자들에게 하루 일당을 다 준 것에 있다기보다는 자신들에게 더 많은 일당이 지급되지 않은 것에 있다(10절 참조). 1시간 일한 일꾼들이 1데나리온을 받는 걸 보고 12시간 일한 자신들에게 보너스가 더 지급될 줄로 기대했는데 기대가 빗나가자 시급제를 주장하며 우회적으로 추가 급여를 요구하고 있다. 이들의 심중을 꿰뚫은 듯 주인의 답변이 단호하다.

> "주인이 그중의 한 사람에게 대답하여 가로되 친구여 내가 네게 잘못한 것이 없노라 네가 나와 한 데나리온의 약속을 하지 아니하였느냐 네 것이나 가지고 가라 나중 온 이 사람에게 너와 같이 주는 것이 내 뜻이니라 내 것을 가지고 내 뜻대로 할 것이 아니냐 내가 선하므로 네가 악하게 보느냐"(마태복음 20:13~15)

"네가 나와 한 데나리온의 약속을 하지 아니하였느냐?" 그랬다. 아침 6시 일꾼들은 주인과 계약한 일당을 다 받았다. 그러니 문제가 안 된다. 그리고 그들보다 뒤에 온 일꾼들에게 일당을 다 주는 건 주인의 뜻이니 더더욱 문제가 안 된다는 게 주인의 답변이다. 내가 주고 싶어서 주는 것이니 어설픈 시급제 주장으로 간섭하지 말라는 충고가 답변에 담겨있다. 주인이 주고 싶어서 주는 것이고 아침 6시 일꾼들은 약속대로 일당을 받았으니 더는 문제를 제기할 자격도 명분도 없다.

그런데 노동 시간과 무관한 동일 임금 지급은 노동자들의 근로

임금을 지급하는 농장주—렘브란트(Rembrandt, 1637년)

의욕을 떨어뜨리는 것은 물론 과도한 인건비 지출로 인한 재정 적
자로 이어질 게 뻔하지 않은가. 1시간 일한 사람과 12시간 일한 사
람에게 임금을 똑같이 주면 사람들은 1시간만 일하려 할 것이다.
그러면 종국에는 배부른 게으름뱅이들만 양산돼 노동 시장이 붕괴
하고 경제 질서가 교란될 가능성이 크다. 게다가 4차례의 추가 고
용으로 인한 인건비의 과잉 지출은 포도원 운영에 큰 부담이어서
만약 이런 추가 고용이 계속된다면 적자가 쌓여 운영이 어려워진다.

그렇다면 포도원 주인의 선행은 자신도 망하고 사회도 망하는 결
과로 이어질 수 있단 말이 된다. 일거리를 얻지 못하면 굶어야 하는
극빈층의 처지를 안타까이 여긴 나머지 괜한 오지랖을 떨다가 피차
망하는 상황이 되지 않을까? "가난은 나라도 못 당한다"라는 말이

있는데 포도원 주인의 '노블레스 오블리주'는 현명하지 못한 충동적 시혜가 아닐까? 그냥 남들처럼 최소의 비용으로 최대의 이익을 남기는 평범한(?) 지주로 살면 될 텐데 나라님도 못 하는 일에 일개 지주가 막대한 손해를 보면서까지 덤벼드는 건 무모한 자비심慈悲心이 아닐는지…. 이윤 추구라는 사업 운영의 기본 개념과 시급제라는 노동 시장의 기본 원칙을 도외시한 포도원 주인의 오지랖은 경제학의 관점에서 낙제점이 아닌가?

기본소득과 자비심 투자

최근 한국 사회의 정치 및 경제 분야의 화두 중 하나는 '기본소득基本所得'이다. 국민의 기본 생활 보장을 위해 재산의 유무나 근로 여부에 상관없이 전 국민에게 일정액을 현금으로 지급하는 기본소득 제도는 지난 20대 대선의 유력 주자가 공약으로 제시한 것을 계기로 세간의 주목을 받았다. 기본소득을 당헌으로 규정한 "기본소득당"이 21대 국회에 입성했으며, 2022년부터 전 국민에게 월 30만 원을 지급하는 가칭 '기본소득법'이 헌정사상 처음으로 21대 국회에 발의됐다. 미국과 유럽을 비롯한 세계 여러 국가도 기본소득 제도의 필요성과 그 효용성을 인정하여 제도 시행을 위한 다양한 움직임들을 보이고 있다.

기본소득 제도는, 빈부 격차가 심화되는 자본주의의 폐해에 대한 반성과 함께 그 필요성이 지속적으로 대두돼왔다. 19세기 초 영국의 경제학자 토마스 맬서스Thomas R. Malthus는 가난한 자의 주머니를 채우면 소비가 촉진된다는 '복지 자본주의'를 주창했으며, 케임

브리지대 장하준 교수는 그의 책 《그들이 말하지 않는 23가지》(출판사 부키, 2010)에서 "경기 활성화를 위한 최선책은 부자 감세가 아니라 저소득층에게 복지 지출을 늘리는 것이다"라고 강조한 바 있다.

저소득층의 주머니가 채워지면 소비가 살아나서 사회 전반의 경기가 활성화된다는 경제학의 기본 원리는 소득 하위 계층 20%의 소비성향(지출/가처분 소득)이 소득 상위 20%의 그것보다 3배가 크다는 통계에 기초한다. 쉽게 말해 가난한 사람들이 부자들보다 소득 대비 지출이 3배 이상 많다는 의미다. 20세기 주류 경제계가 성장 담론에 치중한 결과 소득 불평등이 심화했고 그 소득 불평등이 성장 침체로 이어졌음을 지적한 파리경제대학의 토마 피케티 Thomas Piketty 교수는 그의 책 《21세기 자본》(글항아리, 2014)에서 누진소득세와 글로벌 자본세를 통한 부의 재분배 및 소득 불평등 해소가 경제 성장의 동력으로 작동할 것임을 역설했다.

그랬다. 포도원 주인의 잉여 고용은 괜한 오지랖이 아니었다. 네 차례의 추가 고용은 저소득층을 위한 복지 지출이 경제 활성의 비책이라는 과학적 예측과 분석을 토대로 한 '자비성 투자慈悲性 投資'였다. 재정적 부담을 감수하면서까지 추가 인력을 고용하고 비난을 감내하면서까지 모두에게 하루 치 임금을 지급한 건 치밀하고도 냉철한 그의 경제관에서 기인한다. 포도원 주인에게 일꾼들은 포도의 잠재적 소비자들이다. 인력 시장에서 일거리를 선취한 이들(아침 6

시 일꾼들)과 그들과의 경쟁에서 밀려난 이들(아침 9시 이후 일꾼들) 사이의 소득 격차는 점점 벌어질 게 뻔하다. 기본 생활비조차 벌지 못하는 낙오자들이 선취자들보다 더 많고 소비성향도 더 크다는 걸 고려할 때 포도원 주인의 관점에선 낙오자들은 중요한 고객이 아닐 수 없다. 포도의 주 소비층인 이들의 주머니가 비면 포도 매출이 감소하게 되고, 이런 상황이 지속되면 포도원 사업을 접어야 할지도 모른다.

그렇다. 포도원 주인의 잉여 고용과 하루 치 일당 지급은 소비가 있어야 생산이 가능하다는 지극히 당연하고도 기본적인 경제 원리에 충실한 투자성 시혜였다. 단기적으론 손해이지만 중장기적으론 생산자와 소비자가 상생하는 착한 투자이다. 일거리 선취자들의 시급제 주장은 그 자체론 맞다. 일한 만큼 얻고, 행한 대로 받고, 뿌린 대로 거둔다는 건 성서의 일관된 가르침이기도 하다(요엘 3:7; 마태복음 16:27; 로마서 2:6; 갈라디아서 6:7; 고린도후서 5:10; 베드로전서 1:17; 요한계시록 2:23; 20:12~13; 22:12). 그런데 포도원 주인은 시급제 원칙을 어긴 게 아니라 원칙의 그늘에서 소외되는 약자를 배려한 것이었다.

오지랖 아포리즘

인력 시장의 경쟁에서 밀려난 이들이 잠재적 포도 소비자라는 포도원 주인의 사회 경제적 인식은 잉여 고용이 섣부른 오지랖이 아니라 네가 살아야 나도 산다는 상생의 실천임을 명징한다. 하루 임금을 다 지급한 건 한 가구의 기본 생활(의식주)이 충족되어야 포도 소비가 가능하다는 의미다. 끼니도 잇기 어려운데 포도는 언감생심이 아니겠는가. 포도원 주인의 하루 치 임금 일괄 지급은 따라서 '분배냐 성장이냐'라는 지상에서의 소모적 논쟁에 마침표를 찍는 천상의 오지랖이다. 소비가 있어야 생산이 있다는 당위에 근거한 잉여 고용과 기본임금 지급은 분배와 성장이 이항 대립의 관계가 아니라 호혜 관계임을 적시한다. 분배하면 성장하고 성장하면 분배하는 1세기 포도원 농장주의 상생 경제관은 코로나 팬데믹 위기 상황에서 빈부 격차 해소와 소득 재분배를 위한 기본소득 제도 도입을 21세기 정책 당국자들에게 역설한다.

고강도 사회적 거리 두기로 피해를 본 소상공인과 자영업자들을 위한 정부의 맞춤형 지원 발표를 듣고 어느 음식점 사장님이 한 말은 상생의 경제관이 무엇인지를 일깨우는 오지랖 아포리즘으로 들려온다.

'우리에게 피해 지원금을 주는 거보다 차라리 그 돈을 국민들에게 분배해서 우리 음식을 사 드시게 해 주면 좋겠어요.'

15.

오지라퍼 노동자:
작은 것의 가치

"자신을 믿어준 주인을 위해 보은을 감행한

두 종은 작은 일에 충성한 오지라퍼."

오지라퍼 노동자

– 작은 것의 가치

> "그 주인이 이르되 잘하였도다 착하고 충성된 종아
> 네가 작은 일에 충성하였으매"
>
> -마태복음 25장 21, 23절-

사업의 적자를 감수하면서까지 사회적 약자를 챙기는 '고용주 오지라퍼'에 이어 이번엔 '노동자 오지라퍼'를 소개하고자 한다. 한 거부가 있었다(마태복음 25:14~30 '달란트 비유' 참조). 먼 타국으로 여행을 떠나면서 그는 세 명의 종에게 재산을 나눠 맡겼다. 한 종에게는 다섯 달란트(1달란트는 약 6천 일, 즉 16년 4개월 치 일당으로서 오늘날의 화폐 가치로 노동자 일당을 10만 원으로 볼 때 1달란트는 6억 원, 5달란트는 30억 원에 해당한다)를 맡기고 다른 종들에게는 각각 두 달란트와 한 달란트를 맡겼다.

주인이 떠난 후 다섯 달란트 종과 두 달란트 종은 주인의 재산을 밑천으로 장사를 해서 재산만큼의 이익을 남겼다. 그에 비해 한 달란트 맡은 종은 달란트를 땅속에 묻어뒀다. 세월이 흘러 여행에서 돌아온 주인은 맡긴 재산을 정산하기 위해 종들을 불렀다. 다섯 달란트 종과 두 달란트 종으로부터 재산만큼의 이익을 남겼다는 보고를 받고 주인은 그들을 칭찬했다. 이어 달란트를 땅에 보관했다는 한 달란트 종의 보고를 들은 주인은 그를 책망한 뒤 그의 한 달란트를 다섯 달란트 종에게 주고 그를 내쫓았다.

이상한 칭찬과 이상한 책망

두 종은 주인의 재산을 장사에 투자해서 재산만큼의 이익을 남겨 주인에게 칭찬을 받았고, 한 달란트 종은 맡은 재산을 보관해서 돌려주었다가 꾸중과 함께 견축했다. 본문의 서사엔 그런데 두 가지 의문점이 있다. 하나는 두 종에 대한 주인의 칭찬이고 다른 하나는 한 달란트 종에 대한 주인의 책망이다. 주인은 두 종이 '작은 일'에 충성했다고 말했다. 비유의 헬라어 원문을 보면, 본문에서 천국은 종들에게 재산을 맡긴 주인에 비유됐다. 천국에 비유된 주인이 종들에게 내린 칭찬과 책망은 그러므로 비유 이해에 중요한 대목이다.

> **"그 주인이 이르되 잘하였도다 착하고 충성된 종아 네가 작은 일에 충성하였으매"(마태복음 25:21, 23)**

다섯 달란트 종은 30억을 투자해서 30억을, 두 달란트 종은 12억을 투자해서 12억을 남겨 주인에게 바쳤다. 이게 작은 일인가? 투자

대비 100%의 수익을 올렸으니 이 정도면 투자의 귀재 워런 버핏도 울고 갈 장사의 천재가 아닌가. 대단한 일을 해낸 게 분명한데 작은 일이라고? 칭찬치곤 너무 박하지 않은가. 한 달란트 종에 대한 책망과 견축 처분도 납득하기 힘든 건 마찬가지다. 다른 종들처럼 이익을 남기지는 못했지만, 재산을 잘 보관해서 주인에게 돌려줬다. 주인이 멀리 떠난 상황에서 맘먹으면 얼마든지 재산을 갖고 잠적할 수도 있었다. 손해를 끼치지 않고 원금을 보존해서 돌려준 종을 내쫓는 건 지나쳐 보인다.

종들에 대한 주인의 칭찬과 책망 모두 공정성에 문제가 있는 게 아닌가? 원금과 함께 100%의 수익을 바친 종들에 대한 칭찬은 지나치게 부족하고, 정직하게 원금을 잘 지켜낸 종에 대한 견책은 지나치게 과하다. 불공정해 보이는 주인의 처사를 어떻게 이해해야 할까?

그 이해의 실마리를 '작은 일'이란 표현에서 찾아보자. 비유에서 '작음', '적음'은 크기나 양, 개수 등의 산술적 의미가 아니다. 마태복음에서 '작음', '적음'은 '중요성'을 함의하는 용어로서 주인이 언급한 작은 일은 '사소해 보이는 것', '사람들이 주목하지 않는 것'을 뜻한다. 작은 일에 충성했다는 주인의 칭찬은 수고에 대한 평가절하가 아니라 사소해 보여 소홀할 수 있는 것을 잘 실행했다는 말이다. 다시 말해, 사람들이 무시하고 지나치기 쉽지만 실상은 중요한 것을 해냈다는 의미의 칭찬인 것이다.

두 종에 대한 주인의 '작은 일 칭찬'은 그들이 창출한 거액의 장사 수익에 맞춰진 게 아니다. 주인의 칭찬은 많은 이익에 대한 칭찬이 아니라 종들의 수고의 성격에 초점이 맞춰진 칭찬이다. 남들이 관심을 잘 두지 않는 것에 두 종이 충성했다는 건 한 달란트 종의 경우를 보면 그 의미가 명확해진다.

"악하고 게으른 종아"(26절)

주인은 한 달란트 종을 이렇게 질책했다. 재산을 잘 보관해서 고스란히 돌려준 종이 왜 악하고 게으르다는 것일까? 횡령도 안 하고 손해를 끼친 것도 아닌데 왜 이런 심한 꾸중을 들어야 하는 건가? 다른 두 종이 주인의 재산으로 장사해서 이익을 남기는 동안 원금 보관의 방법을 택한 이유를 종은 이렇게 말한다.

> "당신은 굳은 사람이라 심지 않은 데서 거두고 헤치지 않은 데서 모으는 줄 내가 알았으므로 두려워하여 나가서 당신의 달란트를 땅에 감추어 두었나이다 보소서 당신의 것을 받으셨나이다"(24~25절)

종은 나름의 논리로 자신의 행위를 변호한다. 다른 두 종이 주인의 재산으로 장사할 때 자신이 동조하지 않고 보관을 결정한 건 재물욕이 많고 엄격한 성격인 주인의 재산에 흠집이 날 것이 두려웠기 때문이라는 것이다. 섣불리 장사하다 원금에 손해를 볼 수도 있음을 우려해 보관하기로 했다는 말이다. 일리 있는 말 아닌가? 애초에 주인이 재산을 맡기면서 이렇게 하라 저렇게 하라는 등의 어떤 언질도 없었으니 원금 손실 위험이 있는 장사보다는 안전한 보관을 택한 종의 판단에 문제가 있다고 할 수 있을까? "보소서 당신의 것을 받으셨나이다"라는 종의 말은 자신의 판단과 행위의 당위성을 함축한다.

한 달란트 종을 책망하는 주인-얀 뤼켄(Jan Luyken)

책망의 이유

그렇다면 주인은 무슨 이유로 종을 책망한 것일까?

"악하고 게으른 종아 나는 심지 않은 데서 거두고 헤치지 않은 데
서 모으는 줄로 네가 알았느냐 그러면 네가 마땅히 내 돈을 취리하
는 자들에게나 두었다가 나로 돌아와서 내 본전과 변리를 받게 할
것이니라 하고"(26~27절)

주인의 답변에서 종이 악하고 게으른 이유를 추론해 보자. 우선 주
인은 자신에 대한 종의 평가를 부정하지 않았다. 어떤 해석자들은

주인에 대한 종의 평가가 틀렸다거나 이익을 바란 주인의 기대를 저버린 게 책벌의 소이연이라고 주장한다. 하지만 주인은 종의 평가를 부인하기보단 오히려 종의 평가를 인용해서 종의 악함과 게으름의 실체를 갈파한다. "~모으는 줄로 네가 알았느냐 그러면 네가 마땅히~". 파종하지 않고도 수확을 기대하는 깐깐한 사람인 줄 알았다면 재산을 은행에 맡겨 이자라도 받게 해야 했었다는 주인의 질책은 종이 자신의 인식에 충실하지 않은 게 잘못임을 명징한다.

주인의 불로 소득형 성향을 인식하고 있었다면 그 인식대로 행동했어야 했다. 한 달란트 종이 악하고 게으른 건 주인의 성향에 대한 자신의 인식에 충실하지 않았기 때문이다. 앎과 행동의 불일치. 이게 종의 악함과 게으름의 실체이다. 종은 왜 자신이 인식한 대로 행동하지 않았을까?

재산을 맡길 때 주인이 아무런 언질을 주지 않았어도 주인의 성향을 파악하고 있었다면 원금 보존은 현명한 처사라고 할 수 없다. 무슨 수를 써서라도 재산 증식에 전력을 쏟았어야 했다. 장사가 위험하다고 판단했다면 안전한 방법으로라도 수익을 도모했어야 했다. 그런데도 한 달란트 종은 원금 보존을 결정했다. 두 종이 장사를 통해 수익을 내는 걸 알고 있었을 텐데, 두 종의 사업에 동업할 수도 있었을 텐데 그는 왜 줄곧 원금 보존의 길을 고수한 걸까?

이쯤에서 다시 두 종에게로 가보자. 이들이 커다란 위험 요인을 안고도 장사를 시작한 이유를 알면 한 달란트 종이 자신의 인식과 반대되는 행동으로 일관한 진짜 이유를 알 수 있을 것 같다. 두 종이 실제론 큰일을 했음에도 주인은 작은 일에 충실했다고 말했다.

작은 일이란 사람들 눈에 사소해 보이는 것으로서 결국 두 종은 다른 이들이 보기에 별로 중요하지 않은 것에 최선을 다한 것이다. 그러면 남들에겐 사소하게 보일 수 있는 그것에 두 종이 충성을 다한 이유는 무엇일까?

충성의 이유

그건 아마도 재산을 맡긴 주인의 신뢰에 대한 고마움 때문이 아닐까? 거액의 재산을 맡기고 여행을 떠난 주인. 아무 조건 없이, 아무 언질도 없이 재산을 맡겼다는 건 종들에 대한 주인의 전적인 신임을 말해 준다. 믿지 못하면 재산을 맡기고 떠날 수 없다. 두 종은 주인이 보여준 신뢰에 감동했고 그 신뢰에 보답할 방법을 찾다가 장사를 결심했다. 수익을 남기라는 당부를 한 것도 아니니 그냥 보관만

해도 될 일이거늘 굳이 모험을 감행한 건 자신들을 믿어준 이에게 보답하고픈 순전하고 충직한 마음이 아니겠는가.

　주인의 이러한 '무조건 무언질 신탁信託'에 대한 반응에서 두 종과 한 달란트 종이 갈렸다. 두 종은 주인의 신탁을 신뢰로 받아들이고 이에 보답할 요량으로 밤낮을 가리지 않고 일했다. 자신들에게 전폭적인 신뢰를 보낸 주인을 위해 사력을 다해 장사한 결과 두 종 모두 큰 성공을 거두었다. 반면, 한 달란트 종은 주인이 아무런 조건이나 언질 없이 맡겼으니 아무것도 하지 않기로 했다. '수익을 남

기란 말이 없었으니 그냥 보관만 하면 될 텐데 왜 고생을 사서 하나?' 그의 눈에 두 종의 행동은 괜한 오지랖으로 비쳤다. '장사한다고 설치다가 손해나면 어쩌려고', 주인의 신뢰에 보답하려는 동료의 충정이 그에겐 무모한 충성일 뿐이었다.

그랬다. 두 종의 충성은 좀 지나쳤다. 무조건 무언질 신탁이니 안전하게 보관만 잘하면 된다. 그게 맘 편하다. 대부분 사람은 한 달란트 종의 판단에 동의할 것이다. 굳이 그렇게 애쓸 필요 없는데 괜히 오버하다가 잘못되기라도 하면 주인에게 큰 손해를 입힐 수 있으니 차라리 보관하는 게 현명하다고 생각할 수 있다.

무조건 무언질 신탁엔 부작위(=보관)가 최선이란 일반론 입장에서 두 종의 작위(=장사)는 오지랖으로 비칠 수 있다. 하지만 종을 신뢰하여 거액의 재산을 조건 없이 맡긴 주인과 종들의 특별한 관계에서 두 종의 오지랖은 작은 일에 대한 충성이었다. 부탁도 언질도 없었으니 보관만 잘하면 된다는 일반론은 무조건 무언질 신탁으로 형성된 주인과 종 사이의 특수 관계에 적용되기 어렵다.

한 달란트 종은 무조건 무언질 신탁이 무한신뢰임을 간과했다. 주인의 무한신뢰에 대한 두 종의 작위를 작은 일, 사소한 일, 괜한 오지랖으로 여긴 게 한 달란트 종의 악함이고 게으름이다. 이에 반해, 자신을 믿어준 주인을 위한 보은을 감행한 두 종은 작은 일에 충성한 오지라퍼다. 적자를 각오하고서 노동자들의 기본 생활비를 챙기는 고용인 오지라퍼. 자신을 신뢰해 준 주인의 이익을 위해 몸을 사리지 않는 피고용인 오지라퍼. 이들은 편한 길 쉬운 길을 두고 힘든 길 어려운 길을 택하여(마태복음 7:13~14) 나보다는 남의 유

익을 추구하는(고린도전서 10:24) 하늘의 오지라퍼다. 천국은 이런
이들의 세계다.

당신에겐 무엇이 작은 일인가? 당신은 작은 일에 충성했는가 소
홀했는가?

16. 무용지용無用之用 반전:
쓸모없는 존재(1)

"쓸모없는 게 아니라

쓸모를 모르는 게 아닐까?"

무용지용無用之用 반전

- 쓸모없는 존재(1)

> "우리가 이 보배를 질그릇에 가졌으니 이는 심히 큰 능력은
> 하나님께 있고 우리에게 있지 아니함을 알게 하려 함이라"
>
> -고린도후서 4장 7절-

'아, 하나님의 은혜로 이 쓸데없는 자 왜 구속하여 주는지 난 알 수 없도다!' 기독교의 신은 쓸데없는 자를 구원한다? 잘 알려진 개신교 찬송가는 신의 구원 은총을 받은 죄인의 쓸모없음, 곧 '죄인 무용론'을 가사 전면前面에 담고 있다. 지나친 자기비하가 아니냐, 인간이 신 숭배의 도구로 전락하는 거 아니냐는 비판은 사도 바울의 소위 '질그릇론論'를 숙고한 뒤 제기해도 늦지 않을 것 같다.

질그릇의 반전

질그릇의 무가치보다 보배의 가치에 방점을 찍는 사도의 질그릇

론은 예수의 죽음을
짊어진 신자의 실존
적 상황(고린도후서
4:8~10)을 배경으로
설파됐다. 사방에서
공격을 받고 억울한
일을 겪으며 핍박과
구타를 당해 흡사 죽은 사람처럼 회생의 가망이 없어 보이는 실존
의 무용성無用性을 바울은 질그릇 메타포로 표현했다. '예수를 위하
여 죽음에 넘겨짐'(11절), '사망은 우리 안에서 역사하고'(12절)라
는 표현은 고난과 역경으로 어우러진 질그릇 같은 실존의 쓸모없음
을 노정한다. 그런데 바울의 질그릇 메타포에는 절묘한 반전이 숨
겨져 있다.

> "우리가 항상 예수의 죽음을 몸에 짊어짐은 예수의 생명이 또한 우
> 리 몸에 나타나게 하려 함이라"(고린도후서 4:10)

질그릇의 무용성을 표방하는 질그릇론은 실상 질그릇의 유용성을
함의한다. 예수의 죽음을 짊어진 몸에 도리어 예수의 생명이 나타
나는 역설적 생명 치환이 질그릇론의 진짜 주제다. 쓸모없어 보이
는 질그릇에 예수의 죽음이 담기면 사방에서 욱여쌈을 당해도 싸이
지 않고 핍박과 내침을 받아도 망하지 않는(고린도후서 4:8~9) 생
명 치환의 반전이 나타난다. 슬픔에 잠긴 것 같으나 내면은 기쁨이
넘치고 가난한 것 같은데 남들을 부요하게 하며 가진 게 없는데 다

가진 '질그릇 반전'은 질그릇처럼 쓸모없는 자에게서 예수의 죽음이 예수의 생명으로 승화된 결과다.

'광출어암光出於暗', 암흑 속에서 빛이 비친다(고린도후서 4:6). 예수의 죽음을 만날 때 예수의 생명이 발현되는 현상을 사도 바울은 어둠에서 빛이 비친다고 표현했는데 사도의 광출어암 수사는 창세기의 천지 창조 원리와 맥을 같이한다: "태초에 하나님이 천지를 창조하시니라…하나님이 가라사대 빛이 있으라 하시매 빛이 있었고"(창세기 1:1~3). 1절의 천지 창조 선언과 3절의 빛 창조 사이에는 혼돈과 공허와 어둠에 싸인 땅에 관한 묘사(2절)가 등장한다. 어둠이 빛 창조의 시원始原임을 노정하는 대목이다.

빛은 어둠을 배경으로 창조됐다. 어둠이 없으면 빛이란 개념이 성립할 수 없다는 일반론과 상통하는 성서의 광출어암은 무용성의 반전 유용성을 암시한다. 빛의 날은 어둠의 때가 없인 오지 않는다. 예수의 죽음을 짊어진 어둠(고난과 역경)의 때는 예수의 생명(빛, 영광)이 발현되는 시원으로서 유용하다. 죽음 없는 생명은 없고 어둠 없는 빛은 없다. 죽음과 어둠은 따라서 각각 생명과 빛의 모토母土로서의 반전 유용성을 배태하고 있다. 이 세상에 쓸모없는 건 없다. 다 쓸모가 있게 만들어졌다. 이것이 창조론의 기본 이념이다.

잡초의 반전

쓸모가 있고 없고는 어찌 보면 인간이 만들어 낸 상대적 개념일지 모른다. 잡초는 농사를 망치는 골칫거리, 애써 가꾼 정원을 만신창이로 만드는 불청객인가? '사람이 가꾸지 않았는데 저절로 자라는 풀'이란 사전의 정의가 이러하니 잡초를 불청객으로 취급하는 세론만 탓할 건 아닐 듯싶다. 그런데 잡초는 정말 쓰잘머리 없는 군손님일까? 어느 식물학자의 혜안이 떠오른다: '아직 그 효능을 알지 못하는 풀'. 잡초 사랑꾼은 잡초를 이렇게 관찰했다. 쓸모없는 게 아니라 쓸모를 모르는 것일 뿐이란 통찰이다.

아스파라거스밭에 끼어들어 자생한 풀은 장과 비뇨기관 질환뿐 아니라 염증, 당뇨, 항

암에 도움이 되는 성분들을 풍부하게 함유한다고 한다. 관절염과 혈관, 뇌 건강에 좋은 오메가3가 많이 함유된 이 풀을 잡초 사랑꾼은 쇠비름이라고 불렀다. 초보 전원생활인의 입맛을 사로잡은 풀은 너무 흔해서 원주민들의 관심 밖인 덕에 집 근처 자생 군락지는 도시 촌놈의 독차지가 됐다. 뇌, 장, 혈관에 좋아(*이 세 가지 효능만으로도 천연 보약에 손색이 없다) 항산화 작용에 탁월한 효능을 보이는 이 풀은 밭농사를 망쳐 살림을 망하게 한다고 해서 개망초(학명은 '망초')라 불렸다나.

심혈을 기울인 '천연동산'에 들른 어느 한객이 불쑥 내뱉은 '잡초

무더기'. 하지만 잡초 사랑꾼에게 잡초는 더 이상 쓸모없는 풀이 아니었다. 나라의 주인인 민초에 비견되는 식물계의 진정한 주인공이었다. 사람의 손길 없이도 비바람과 눈보라를 견디고 살아남는 잡초의 자생력과 짓밟히고 잘리고 버려지지만, 기어이 회생하는 강인한 생명력에서, 예수의 죽음을 짊어질 때 나타나는 예수의 부활 생명력이 투영되는 건 섣부른 평행 이론일까? 그렇지만은 않다는 걸 고린도 교회에 보낸 사도 바울의 편지에서 알 수 있다.

> "형제들아 너희를 부르심을 보라 육체를 따라 지혜 있는 자가 많지 아니하며 능한 자가 많지 아니하며 문벌 좋은 자가 많지 아니하도다"(고린도전서 1:26)

바울은 부유한 도시 고린도에 세워진 교회에 '육체에 따른 지혜자'(=고학력자), 능한 자(=유능자), 문벌 좋은 자(=귀족)들이 별로 없는, 즉 고린도 사회의 하층민들로 교회가 구성됐음을 교인들에게 상기시킨다. 최애 교회에 대한 설립자의 뜬금없는 셀프 폄사는 세속에서의 쓸모없음이 신의 손에서 어떻게 활용되는지를 부각하기 위한 수사법이다. 세속적 무용無用에 대한 신적 재활용법은 이렇다.

> "하나님께서 세상의 미련한 것들을 택하사 지혜 있는 자들을 부끄럽게 하려 하시고 세상의 약한 것들을 택하사 강한 것들을 부끄럽게 하려 하시며 하나님께서 세상의 천한 것들과 멸시받는 것들과 없는 것들을 택하사 있는 것들을 폐하려 하시나니"(27~28절)

세속적 쓸모없음은 세속의 권력과 부유를 단죄하는 신적 가치로 택용된다. 세상에서 쓸모없음은 권력과 부유, 곧 기득권의 가치 기준 일뿐 신에게는 그 가치가 전도顚倒된다. 신 앞에서는 부귀영화도(누가복음 12:16~21), 출신 성분도(빌립보서 3:4~8) 가치 기준일 수 없다. 윤리와 도덕적 성취도 신적 가치로 인정받지 못한다(누가복음 18:9~14). 사람들(유대인, 이방인, 팔레스타인 그리스도인)에게 버림받아 세상의 쓰레기와 찌꺼기 같은 존재로 전락한 자신을 고린도 교인들의 모본으로 천거한(고린도전서 4:9~16) 사도의 당당한 쓸모없음은 예수의 죽음을 짊어진 보배 그릇의 반전 가치를 공포한다: '너희의 쓸모없음이 신에게 유용하다.'

쓸모없는 자를 구원하는 신의 은총은 쓸모없는 자에게는 찬미의 대상이다. 그렇다면 쓸모없는 자를 쓸모없게 대우한 이들을 신은 어떻게 대우할까?

17.

무용지용無用之用 가치:
쓸모없는 존재(2)

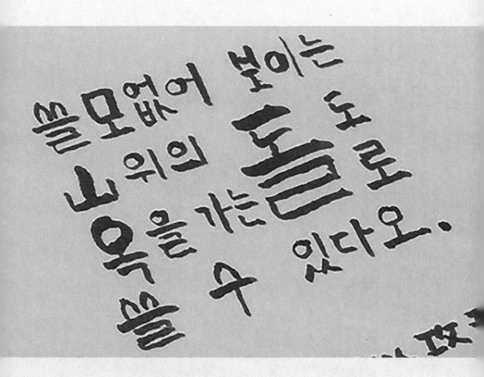

쓸모없어 보이는 山 위의 옥을 가는 도로 쓸 수 있다오.

> "쓸모없는 이들을 위한
> 그들의 쓸모없는 행위는 영원한 생명을
> 누리게 하는 쓸모가 있었다."

무용지용 無用之用 가치
– 쓸모없는 존재(2)

> "가난한 자를 불쌍히 여기는 것은 여호와께 꾸이는
> 것이니 그 선행을 갚아 주시리라"
>
> -잠언 19장 17절-

'이 사회가 필요로 하는 삶을 못사는 사람이 질량이 낮은 사람입니다.' 인터넷 검색을 하다 눈길을 끄는 문구가 있어 출처를 찾아봤다: '정법 강의 10414강'. 2022년 대선 당시 유력 후보와의 관련 의혹으로 세간의 주목을 받은 바 있는 일명 '천공 스승'의 말이란다. 홍익인간, 즉 이타적 삶을 추구하자는 대목에서 그는 사회의 소외층을 질량이 낮은 이들이라 표현하고 이들이 사회에서 필요한 존재가 되도록 돕자는 취지의 설법을 이어갔다. 질량이라는 물리적 용어로 사람의 가치를 묘사하는 기괴한 언사엔 노코멘트 하겠다. 다만, 그가 정말 인류의 스승이라면 통속적 기준으로 인간을 평가하는 세속의 관념을 뛰어넘는 보다 고차원의 가르침으로 몽매한 대중을 깨우쳐 주길 바란다는 당부를 하고 싶다.

유용성 신조의 폐해

'조직에 필요한 구성원이 되자', '회사가 필요로 하는 사원이 되겠다'라는 구호나 다짐들은 과거 우리 사회가 급속한 산업화를 거치면서 공적 미덕으로 자리 잡은 듯하다. 인간의 사회적 유용성을 강조한 이런 개념들은 그러나 그 조직과 회사가 합법과 공정의 룰 안에 있다는 전제가 있어야 성립할 수 있다. 구성원에게 불법과 반칙을 추동하는 조직과 회사에 필요한 사람이 된다는 게 무엇을 의미하는지는 뻔하기 때문이다.

독일의 정치철학자 한나 아렌트 Hannah Arendt는 나치 전범 아이히만의 재판 참관 후 나치 정권에 대한 아이히만의 부역이 이념과 조직에 대한 충성에서 기인한 것이라는 점을 그의 책 《예루살렘의 아이히만》에서 지적했다. 500만 유대인을 죽

피고석의 아이히만

음의 수용소로 이송한 아이히만은 자신을 필요로 하는 국가와 권력에 충성한 공직자였다는 책의 분석은 사회적 유용성에 대한 신념이 초래할 수 있는 비인간화의 가공할 해악을 경고하고 있다.

아리안 순혈주의를 표방한 히틀러의 홀로코스트는 인류 발전을 저해하는 열성 유전자를 제거해야 인류 공영을 달성할 수 있다는

명분으로 자행된 미증유의 만행이 아니었던가. 근친혼으로 태어난 열성 유전 당사자가 열성 유전자를 제거하려 한 광란의 역사는 나치 정권의 몰락으로 중단됐다. 하지만 유용성을 앞세운 무용성無用性에 대한 폭거는 지금도 문명사회 곳곳에서 버젓이 벌어지고 있다. 국민을 권력과 공적 지위의 존재 기반으로 존중하기보다는 자신들이 먹여 살려야 할 피부양인쯤으로 보는 특권층의 왜곡된 엘리트 의식이 2016년 "민중은 개돼지" 발언으로 국민적 공분을 산 교육부의 '그' 정책기획관만의 것이겠는가. 영화 〈기생충〉과 드라마 〈오징어 게임〉이 현시대에 던지는 화두에 대한 깊은 사유와 성찰을 우리 사회의 특권층에게 기대할 수 있을까?

무용성 관련 천상의 복지 대책

사회적 무용성에 관한 성서의 관점은 무엇일까? 구약시대 유대 사회에서 고아, 과부, 나그네는 대표적인 소외계층이었다. 사회에서 쓸모없는 밥벌레로 취급받을 우려가 있는 이들을 위해 성서는 강력한 복지 대책을 마련했다. 일명 '신적 동일시同一視'가 그것이다.

> "가난한 사람을 학대하는 자는 그를 지으신 이를 멸시하는 자요"(잠언 14:31)

구약 성서에서 가난한 자는 신과 동일시된다. 신적 동일시는 신적 권세와 신적 지위를 가난한 자에게 부여한다는 뜻이 아니라 가난한 자에 대한 대우를 신에 대한 대우로 간주하겠다는 의미로 이는 심판과 직결된다.

"너는 과부나 고아를 해롭게 하지 말라 네가 만일 그들을 해롭게 하므로 그들이 내게 부르짖으면 내가 반드시 그 부르짖음을 들을 지라"(출애굽기 22:22~23)

인간의 가치를 유용성의 기준으로 재단하여 소외된 이들을 박대하면 신의 심판을 면할 수 없다는 게 신적 동일시 정책의 요체다. 신적 동일시를 통한 심판에 관한 언급은 신약 성서에도 등장한다. 복음서는 신과 동일시되는 이들을 소자小者, 즉 '작은 자'라 칭하고 이들에 대한 대우와 관련해서 중요한 교훈을 준다.

"삼가 이 소자 중에 하나도 업신여기지 말라 너희에게 말하노니 저희 천사들이 하늘에서 하늘에 계신 내 아버지의 얼굴을 항상 뵈옵느니라"(마태복음 18:10)

밥벌레 같다는 편견으로 작은 자, 다시 말해서 사회적 약자를 얕잡으면 안 되는 이유를 복음서는 묵시론적 언설로 제시한다. 소자들의 천사들이 하늘에 있는 아버지, 곧 하나님을 항상 뵙는다는 말은 소자를 홀대하면 심판을 피할 수 없다는 묵시론적 경고로서 사회적 약자를 위해 마련된 천상의 복지 대책이다. 개인이나 사회가 소자를 홀대해서 그 결과로 소자가 고통을 당하면 그 사실은 하나도 빠짐없이 심판자에게 즉각 보고된다. 그러므로 일명 '소자 홀대죄'는 천벌에 해당한다. 그 천벌의 무게를 성서는 초극단적 용어로 설명한다: 연자 돌을 목에 매고 바다로 빠지는 게 그 천벌보다 낫다(마태복음 18:6), 만약 소자 홀대죄를 범하는 게 손과 발이면 그 손과 발을 자르는 게 천벌보다 낫다(8절), 만약 소자 홀대죄를 범하는 게 눈이라면 그 눈을 뽑는 게 천벌을 받는 것보다 낫다(9절). 왜냐하면 소자 홀대죄에 대한 천벌은 지옥 불이기 때문이다(9절).

소자에 대한 천상의 관심과 배려는 이어지는 '잃어버린 양 이야기'(12~14절)에서 절정에 이른다. 양 일백 마리 중 한 마리가 길을 잃었는데 목동이 한 마리를 찾기 위해 99마리를 산에 두고 가서 결국 찾아온다는 이야기. 그런데 그 한 마리를 찾으면 99마리보다 한 마리를 더 기뻐한다는 13절의 서사가 좀 생뚱맞다. 99 < 1? 99마리를 보유하고 있는 기쁨보다 한 마리를 되찾은 기쁨이 더 크다? 유용성으로 보면 99마리가 더 큰 기쁨이지 않은가. 고작 한 마리를 찾으려고 99마리를 산에 둔다? 팔레스타인 지역의 험한 산세와 야수들의 잦은 출몰을 생각한다면 99마리를 산에 둔 채 한 마리를 찾아 나서는 건 무모한 행동이 아닐 수 없다.

그다지 쓸모없는 한 마리 때문에 99마리를 방치하는 건 유용성 측면에서 쓸모없는 행동이다. 목동은 쓸모없는 한 마리를 위해 쓸모없는 짓(?)을 한 것이다. 그러면, 쓸모없는 존재를 위한 쓸모없는 행위는 정말 쓸모가 없을까?

마태복음의 '최후의 심판 이야기'(25:31~46)는 성서에서 인류의 사후 운명을 결정하는 심판을 묘사하는 유일한 본문이다. 흥미로운 건 영생과 영벌 심판의 기준이 바로 쓸모없는 행위라는 점이다. 심판자로부터 영벌을 언도받은 이들은 '지극히 작은 자'(이하 '최소자最小者')를 돕지 않은 이유로 지옥행에 처해진다(41~45절). 반대로 영생을 언도받은 이들은 최소자를 도운 이유로 영생행에 이른다(34~40절). '지극히'란 최상급 수식어는 사회의 최하층민들을 지칭한다. 가장 낮고 가장 쓸모없는 이들을 자신과 동일시한 심판자는 이들에 대한 홀대와 선대를 자신에 대한 것으로 간주하여 이를 기준으로 심판을 단행한다.

영벌자들은 최소자들의 궁핍과 곤경을 보고 외면했다. 그들을 돕는 게 실익이 없다는 판단이었을 게다. 하지만 영생자들은 영벌자들로부터 외면받을 만큼 아무 쓸모 없는 그들을 도왔다. 쓸모없는 이들을 위한 그들의 쓸모없는 행위는 그런데 영원한 생명을 누리게 하는 쓸모가 있었다. 세상에서 가장 쓸모없는 존재들이 천상의 심판정에서는 최고의 유용성을 발휘한다. 인간의 영원한 쓸모를 가리는 심판에 쓸모가 있는 그들을 질량 미달이라고 평할 수 있을지 그 스승님에게 여쭙고 싶다.

18. 무용지용無用之用 대역전:
쓸모없는 존재(3)

무용지용[無用之用]

"21세기 인간 무용 위기에 처한 인류에게

1세기 무용지용 드라마의 주인공이

남긴 무용지용 대역전의 비결."

무용지용無用之用 대역전

- 쓸모없는 존재(3)

> "그는…고운 모양도 없고 풍채도 없은즉
> 우리의 보기에 흠모할 만한 아름다운 것이 없도다
> 그는 멸시를 받아서 사람에게 싫어 버린 바 되었으며…
> 우리도 그를 귀히 여기지 아니하였도다"
>
> —이사야 53장 2~3절—

'미운 사위에게 매생이국을 준다'라는 옛말이 있다. 물에 끓여도 김이 잘 오르지 않는 매생이의 특성을 이용해 보기 싫은 밉상을 골탕먹일 비법을 알려주는 말이다. 그런데 '혀가 데여도 좋으니 꽃샘추위가 끝나기 전에 매생이국 한 그릇 더 먹고 싶다'라는 말도 있다. 철분과 칼슘, 엽산이 풍부해 헤모글로빈과 적혈구 생성을 촉진하고 혈액 순환에 도움이 될 뿐 아니라 고단백 저지방 식품으로서 다이어트에 좋으며 베타카로틴과 클로렐라 성분을 함유하여 활성산소를 제거하고 암 예방에도 효능을 발휘하는 매생이의 진가를 함축한 말이다. 겨울철 보양식으로 특히 인기가 좋은 매생이는 그러나 불과 수십 년 전까지만 해도 김 양식을 방해하는 천덕꾸러기 취급을 받았다고 하니 쓸모없던 매생이의 화려한 부활이 아닐 수 없다.

인간 무용성 위기

매생이가 보여 준 무용성無用性의 부 활은 인간에게도 적용될 수 있을까? 우문처럼 들리는 질문은 이제 현문이 되어가고 있다. 근대 이전 노동력 기 반의 산업화 시대에서 18, 19세기 기
계화 시대로 전환하면서 인간의 자리를 기계가 차지해왔다. 이와 같은 기계의 인간 대체는 21세기 인공지능 시대가 열리면서 가속 화되고 있다. 단순 육체노동만이 아닌 복잡한 두뇌 작용까지 대체 하는 지능 천재 기계가 등장하면서 일자리 박탈은 물론이고 인간의 무용화 내지는 인간의 기계화가 현실로 다가오는 느낌이다. 의식 과 감정이 결핍된 기계가 차 운전, 환자 진료와 치료, 판결, 요리, 문 화, 예술, 종교 등 고차원의 영역에까지 진출하면 쓸모가 없어질 인 간들은 어떻게 될까? 역사학자 유발 하라리Yuval Noah Harari의 염려[* 《궁극의 인문학》(메디치미디어 刊, 2015), 111쪽 참조]가 기우로 들 리지 않는 이유다.

'있으나 마나 한 사람, 있어선 안 되는 사람, 있어야 하는 사람'. 노동 집약형 사회에서 우리는 있어야 하는 사람, 꼭 필요한 사람으 로 길러져 왔다. '사회와 국가에 필요한 사람이 되자.' 가훈과 교훈 은 물론 유훈에까지 등장하는 이런 다짐은 인공지능에 밀려 쓸모없어질 위기에 처한 인류에게 여전히 유효한가? 세계적 석학들조차 마땅한 대응책을 내놓지 못해 부심하는 노동력 무용의 시대에 아직도 우린 '필요한 사람 되기' 신념에 매달려야 하는가? 쓰나미처럼 밀려오는 인간 무용 시대에 살아남을 인류 생존의 비법은 없을까? 제자백가 장자莊子의 지혜를 들어보자.

'直木先伐직목선벌 甘井先竭감정선갈'(곧은 나무는 먼저 잘리고 단 우물은 먼저 마른다). 외편外篇 제20편 〈산목편山木篇〉에 등장하는 장자의 지혜는 곧은 나무와 단 우물의 유용성이 그들의 단명 원인임을 밝힌다. 사람은 어떨까? 유용성은 명을 재촉하는가? 흔히 말하는 '번아웃 증후군'은 잘 나가는 사람들에게 생기는 신체적 정신적 무기력증이 아닌가. 회사나 조직에서 일찍이 그 유용성을 인정받아 동분서주의 삶을 살다 한순간에 나락으로 떨어진 이들의 사례를 주위에서 어렵지 않게 찾아볼 수 있다. 이른바 유용성의 함정이다.

서울대 성악과 재학 시절 복음성가 가수로 데뷔한 이래 정상급 가창력과 열정적인 활동으로 국내는 물론 세계 각지를 다니며 30여 년간 최고의 유용성을 발휘했던 테너 박종호가 간암 수술 후 팬들 앞에 다시 섰을 때 그의 목소리는 이전의 유용성을 상실한 뒤였다. 음정은 처졌고 낭랑하고 청명했던 소리는 더 이상 들을 수 없었다.

무용의 유용

가수로서 쓸모가 없어진 상태에서 그는 이렇게 고백했다: '과거엔 내가 하나님을 앞서갔지만 이젠 하나님이 나를 끌고 가시려나 보

다.' 투병 후 비로소 신
의 인도하심을 받게 됐
다는 그의 고백은 찬
양사역자로서의 진정
한 유용성이 회복됐다
는 무용지용無用之用 역

전기였다. 인적 무용성의 신적 유용성으로의 전환을 함의하는 그의
고백은 장자의 '무용지용'과 맥을 같이한다: '人皆知有用之用 而莫
知無用之用也'(사람들은 모두 쓸모 있음의 쓸모만을 알고 쓸모없
음의 쓸모는 알지 못한다). 내편內篇 제4편 〈인간세人間世〉에서 장자
는 쓸모없음의 쓸모, 곧 무용지용을 모른 채 유용성만 추구하는 세
상을 한탄한다. 1세기 중국 후한後漢의 사상가 왕충王充의《논형論衡
〈봉우逢遇〉》에 하로동선夏爐冬扇이라는 말이 있다. 여름의 화로와 겨
울의 부채란 뜻인데 여름에 쓸모없어 보이는 난로가 장마철 젖은
옷을 말리고 겨울에 쓸모없어 보이는 부채는 화로의 불씨를 살린다
는 무용지용의 이치를 노정한다.

　AP(미국연합통신)가 선정한 20세기 10대 발명품으로서 세계인
의 필수품이 된 포스트잇post-it은 항공기 제작에 필요한 강력 접착
제를 제조하다가 실패해서 쓸모없게 된 접착제를 활용해서 탄생
했다. 물에 뜨는 성질로 공전의 히트를 기록한 P&G사의 아이보리
IVORY 비누는 원래 양초 공장 직원의 실수로 공기층이 과도하게 주
입된 불량 양초에서 출발했다. 해당 직원은 해직되고 회사가 큰 손
실을 보게 되었을 그때, 한 직원의 아이디어로 쓸모없던 불량품은

일약 베스트셀러가 됐다. 당시 회사가 위치한 신시내티 사람들은 주로 강가에서 목욕을 하곤 했는데 물에 가라앉지 않는 비누가 시민들에게 유용할 것이라는 판단에 따라 물에 뜨는 비누를 만들어 판매하자 인기를 얻게 됐고 얼마 안 있어 미 전역에서 주문이 쇄도했다고 한다. 무용성의 역전이다.

> '무릇 나라가 망하는 것은 그 나라의 장점 때문이며, 사람이 스스로 실수하는 것은 그가 잘하는 것 때문이다. 그러므로 헤엄을 잘 치는 사람은 못에 빠져 죽고, 활을 잘 쏘는 사람은 황야에서 사냥하거나 싸우다 죽는다.'

《관자管子》의 제1편 목민편牧民篇은 과도한 유용성은 폐망廢亡의 지름길이라고 경고했다. '달이 차면 이지러지기 마련이니 상당한 지위에 오른 사람은 경계해야 한다'(月盈則虧 履滿者戒)는《채근담菜根譚》의 고언은 유용성의 허망한 몰락을 갈파했다. 잘 나가는 이유가 폐망의 사유가 될 수 있음을 일깨우는 선현들의 통찰이 아닐 수 없다. 무용지용, 쓸모없음의 쓸모를 잘 보여 주는 성서 본문은 이사야 53장이다.

> "그는…고운 모양도 없고 풍채도 없은즉 우리의 보기에 흠모할 만한 아름다운 것이 없도다 그는 멸시를 받아서 사람에게 싫어 버린 바 되었으며…우리도 그를 귀히 여기지 아니하였도다"(2~3절)

위 본문에서 '그'는 예수 그리스도를 말한다. '그'는 쓸모 제로의 존재였다. 외모가 볼품없고 주목할 만한 구석이 없는 '그'는 사람들로부터 멸시와 천대를 받았다. 누가 봐도 쓸모없어 관심받지 못한 '그'는 그러나 신에게 최고의 유용 가치다. '그'는 인간의 슬픔과 징벌을 감당하는 유일무이의 제물로 신께 택용되었다(4절). '그'는 인간의 화평과 치유를 위해 찔리고 채찍질을 당했으며(5절) 인간의 죄를 담당하여 죄인들을 위해 죽임을 당했다(11~12절). 인간들에게 무용했던 예수 그리스도는 인류의 대속을 위한 제물로 사용됨으로써 신이 연출한 무용지용의 대역전극을 완성했다.

> "내가 진실로 진실로 너희에게 이르노니 한 알의 밀이 땅에 떨어져 죽지 아니하면 한 알 그대로 있고 죽으면 많은 열매를 맺느니라"(요한복음 12:24)

죽음으로 열매 맺는 밀알의 무용지용 서사. 21세기 인간 무용 위기에 처한 인류에게 1세기 무용지용 드라마의 주인공이 남긴 무용지용 대역전의 비결이 아닐까?

무용지용無用之用 대향연:
쓸모없는 존재(4)

"그날 사람들이 들은 건 무용無用의

어두운 밤을 지나 천상의 유용有用으로

피어오른 하늘의 '소리꽃sound flower'이었다."

무용지용無用之用 대향연

- 쓸모없는 존재(4)

"하나님께서 세상의 미련한 것들을 택하사
지혜 있는 자들을 부끄럽게 하려 하시고 세상의 약한 것들을 택하사
강한 것들을 부끄럽게 하려 하시며"

-고린도전서 1장 27절-

고대 그리스 도시 국가 스파르타는 소크라테스, 플라톤, 루소, 바이런, 니체 등의 철학자와 문인들이 지향했던 이상향으로서 역사상 가장 완전한 법치와 교육제도를 통해 양성된 최강의 군사력으로 펠로폰네소스 반도를 지배한 맹주였다. 하지만 지금은 관광객들의 발길조차 끊긴 작은 마을로서 그 명맥을 유지하고 있을 뿐이다. 라이벌 아테네가 찬란한 문명을 꽃피워 서양 문화사의 중심축으로 번영을 구가하는 것과 대조적으로 스파르타는 그 어떤 문학 작품이나 조형 예술품도 남기지 못했다. 역사적으로 영국, 이탈리아, 프랑스를 비롯한 근대 유럽 국가들의 정치 · 경제 · 교육 체계 형성에 기여한 완벽

의 정치/사회 체제를 보유한 스파르타가 몰락한 이유는 무엇일까?

극단적 유용지용 가치관

역사가들의 기록을 분석해 보면 스파르타 몰락의 소이연은 스파르타 사회의 극단적 유용지용有用之用 가치관에 있다고 할 수 있다. 스파르타 사회는 전체 인구의 10%도 안 되는 시민권자들Spartiates이 나머지 90%의 하층계급을 다스리는 소수정예 지배체제로서 강하고 우수한 시민 생산에 국가의 모든 역량을 결집했다. 신생아 중 건강하지 못한 아기는 깊은 산 속에 버려졌으며 병약하거나 무능한 남편 대신 건장하고 우수한 대리부의 아이를 생산하는 우생優生 제도가 법제화됐다. 어떤 기록에는, 초경을 하지 않는 16세 이상의 여성이나 불임 여성은 살해당하기 일쑤였다는 괴담도 전해진다.

쓸모있는 자는 살아남고 쓸모없는 자는 도태시키는 스파르타인

 들의 우생학적 신념은 탁월한 엘리트와 전사 양성에는 성공했을지 모르지만 순혈주의와 근친혼의 폐해를 비껴가지 못했다. 정치와 군사력을 장악한 지배계급의 인구가 줄어들고, 국가의 경제를 지탱하는 대다수 하층민의 이탈과 저항으로 국력이 쇠약해진 스파르타는 기원전 146년 로마 제국에 의해 멸망됐다.

'멸사봉공' 즉 국가를 위한 개인의 희생을 지고의 가치로 신봉했던 스파르타의 전체주의는 마키아벨리 군주론의 사상적 논거를 제공했으며 훗날 히틀러 무솔리니 레닌과 같은 독재 권력의 태동과 형성에도 적잖은 영향을 미쳤다. 하지만 스파르타는 단 한 편의 비극이나 시, 단 하나의 건축물이나 그림, 도자기도 남기지 못하고 역사의 뒤안길로 사라지고 말았다. 20세기 초, 강력한 전체주의 국가 건설을 주창하며 급부상했던 파시즘의 조기 패망은 스파르타 몰락의 데자뷰이다.

유용성이라는 집단적 가치의 틀 속에 갇혀 몰락의 길을 걸어간 고대와 근현대 전체주의 국가들의 패망사는 무용지용 지혜를 소환한다. 법과 질서는 강력했지만 문화와 문명이 실종된 스파르타의 반쪽 신화는 감성 없는 이성, 어둠 없는 빛의 세계가 어떠한지를 보여 준다. 빛은 어둠이 있을 때 비로소 빛답다. 어둠이 깊을수록 밤하늘의 별빛은 더욱 영롱하지 않은가. 감성 없는 이성은 차갑고 생명력이 없다. 내면의 불안과 갈등, 격정과 희열이 서로 부딪히고 융화할 때 분출되는 심혼의 온기는 이성의 냉기를 덥히고 새로움을 직관하는 통찰력을 배양한다.

앙스트블뤼테

숙면을 돕는 멜라토닌 호르몬은 빛이 차단된 어둠 속에서 분비되고, 신의 창조는 암흑과 혼돈, 공허의 삼중고를 배경으로 이뤄졌다 (창세기 1:1~2). 쓸모없어 보이는 것의 쓸모, 즉 무용지용 향연이다. 쓸모를 절대가치로 지향한 스파르타는 역설적으로 인류 문명사에 지속적인 쓸모를 보이지 못하고 몰락했다. 이에 반해, 서양 문화의 시원으로 일컫는 고대 그리스 비극이 이천 년이 지난 21세기에도 여전히 창작과 예술 영감의 원천으로 주목받는 건 그것이 무용을 모토母土로 유용의 꽃을 피운 '앙스트블뤼테Angstblüte' 대향연이기 때문이다. '불안Angst'과 '개화Blüte', 즉 '불안 속에 꽃을 피운다'라는 무용지용 향연이 그리스 비극의 본질이었다.

기원전 6세기 초부터 매년 아테네에서 개최된 디오니소스 축제에서 경연대회 형식으로 공연된 비극은 무용성(불안 갈등 두려움 혼돈 고통 파멸 죽음)이 유용성(희열 생성 창조 희망 부활)의 모토임을 경험하는 무용지용의 대향연이었다. 이 향연의 실제 주인공들이 있다. 베토벤은 청력 상실로 극심한 번뇌와 혼란에 빠져 32살 때 유서까지 작성했지만 이후 25년을 더 살면서 위대한 작품들을 남겼다. 〈월광 소나타〉는 유서를 쓰기 직전 완성됐고 베토벤의 대표작인 교향곡 3번 〈영웅〉, 5번 〈운명〉, 6번 〈전원〉과 피아노협주곡 5번 〈황제〉는 소리를 거의 듣지 못하는 시기에 작곡됐다. 그리고 사망 3년 전, 베토벤의 마지막 교향곡이자 서양 고전 음악사의 최고봉으로 손꼽히는 교향곡 9번 〈합창〉은 청력을 완전히 잃은 절망 속에 피어난 앙스트블뤼테이다.

더 이상 작곡이 불가능한 퇴물이란 자책과 세간의 비아냥을 극복하고 인류 최고의 음악을 꽃피운 악성樂聖은 무용지용 대향연의 주역이다. 팔다리는 물론 머리조차 가누지 못하는 뇌성 마비 장애인 송명희는 자기를 유산하지 않은 엄마를 원망하며 하루하루 무용의 삶을 이어갔다. 가족에게 짐만 될 뿐 아무짝에도 쓸모없는 삶을 끝내려고도 했지만 그마저도 불가능한 몸이었다.

스스로 아무것도 할 수 없고 어떤 희망도 보이지 않는 고통의 나날들을 보내던 어느 날, 교회 부흥 집회에서 하늘의 은혜를 체험한 그의 비틀어진 입술에서 더듬더듬 감사의 찬미가 흘러나오기 시작했다. 뒤틀려진 손가락에 붙들린 몽당연필이 써 내려간 주옥같은 시어들은 천상의 선율이 되어 유용지용 가치관에 함몰된 이들의 허한 가슴에 참회(懺悔)와 거듭남의 아포리즘으로 널리 널리 울려 퍼졌다.

절대 무용의 존재가 천상의 유용성으로 거듭난 앙스트블뤼테 향연은 성서에서도 이어진다. 여호와는 나이 팔십이 넘은 모세에게 출애굽의 신탁을 내린다. 애굽 왕실 양자로서의 지위도, 동족을 핍박하는 애굽 관원을 즉결 처단한 기개도 사라진 지 오래다. 장인 집에 얹혀사는 촌로에게 민족 대탈출 드라마의 총감독직이 맡겨진 것이다. 그런데 모세는 이 영광스러운 신탁에 딴지 걸기로 나온다. 그것도 무려 다섯 번이나. 퇴물을 불러주신 은총에 충성을 다짐해도 모자랄 판에 이 핑계 저 핑계로 거절 또 거절. 쓸모없는 촌수(村叟)의 쓸데없는 딴지를 끝까지 수용하고 설득한 여호와의 쓸데없는(?) 인내는 그러나 선민의 엑소더스와 가나안 입성, 그리고 신정 왕국 건설이라는 대역사를 꽃피운 앙스트블뤼테 여호와 버전이다(창세기 3장, 4장 참조).

예수의 열두 제자 중에 도마는 질문이 많은 인물이다. 세족식 후 예수는 새 계명을 주고 작별 설교를 할 때 제자들을 안심시키며 천상의 처소를 약속하지만 도마는 믿기 어렵다는 반응을 보였다(요한복음 13장, 14장 참조). 쓸데없는 의심이라고 핀잔할 만도 한데 예수는 약속을 재차 확인한다. 이후 부활한 예수가 제자들에게 나타났지만 그 자리에 없었던 도마는 자기 손으로 부활체를 만져봐야 믿겠다며 버틴다. 쓸데없는 고집을 피운다고 책망을 받아도 쌀 텐데 뜻밖에도 예수는 8일 후 도마가 제자들과 함께 있는 자리에 다시 나타나서 도마에게 손바닥의 못 자국과 옆구리의 창 자국을 확인시켜준다. 이후 도마는 제자들 중 가장 먼 나라인 인도 선교에 나서 40여 년을 헌신하다 순교한다. 제자의 쓸데없는 이의제기를 질책하지 않고 응해 준 스승의 쓸데없는(?) 자상함은 딴지 달인으로 하여금 대사도 바울보다 더 먼저 더 멀리 더 오래 선교의 꽃을 피우게 한 앙스트블뤼테 예수 버전이다.

2021년 8월에 열린 CTS 주최 K-가스펠 본선 무대에서 심사위원들을 울린 팀이 있었다. 시청자들은 물론 제작진까지 울었다. 그날 사람들이 들은 건 노래 잘하는 장애인 트리오의 화음만이 아니었다. 무용無用의 어두운 밤을 지나 천상의 유용有用으로 피어오른 하늘의 '소리꽃sound flower'이었다.

제2부

성서, 세상을 만나다

01.

드라마 〈악마판사〉:
예수가 필요 없는 세상(1)

"자신이 필요 없는 세상을 향한 꿈.

그것이 악마판사의 꿈이었다."

드라마 〈악마판사〉

– 예수가 필요 없는 세상(1)

"건강한 자에게는 의원이 쓸데없고 병든 자에게라야 쓸데 있느니라"

-마태복음 9장 12절-

2021년 방영된 드라마 '악마판사'는 제목이 주는 강렬한 인상만큼이나 필자의 관심을 끌었다. 양의 탈을 쓴 채 사회와 국가의 권력을 장악하고 배후에서 조종하는 거대 악을 라이브 재판정에서 시민의 힘을 빌려 단죄한다는 스토리가 참신했다. 판사 출신 작가의 생생한 현장 경험과 정밀한 사건 묘사로 짜인 탄탄한 서사를 바탕으로 매회 전개되는 긴박감 넘치는 장면들은 필자로 하여금 본방 사수 대열에 합류하게 했다. 최종회에서 권력 나부랭이들을 통쾌하게 처단하고 재판장 강요한이 군중 속으로 사라지면서 배석 판사 김가온에게 남긴 말이 흥미롭다.

'잘해라 안 그러면 다시 돌아올 거니까'

거대 악이 파멸한 뒤 발생한 권력의 공백을 선점하기 위해 또 다른 권력 나부랭이들이 자행하는 구태를 목도하고 분노하는 김가온. 그는 강요한의 말을 회상하며 강요한이 필요 없는 세상을 만들어야 한다고 다짐한다. 악을 단죄하기 위해 증거와 증인을 조작해야 했던 자신과 같은 판사가 불필요한 세상, 그것이 강요한이 바라는 세상이다. 선한 가면 뒤에 숨어 권력을 사유화하는 진짜 악을 처단하기 위해 불법을 저지른 나쁜 판사가 더 이상 필요하지 않은 세상을 꿈꾸며 강요한은 사라졌다.

악마판사의 꿈

악마판사가 떠난 뒤 남은 이들에게 주어진 과제는 악마판사의 귀환이 필요 없는 세상을 이루는 것이다. 자신이 필요하지 않는 세상을 향한 꿈, 그것이 악마판사의 꿈이었다. 드라마 시청 기간 내내 궁금했던 작가의 정체를 확인하고 나서 집필 의도를 생각해봤다. 20여 년간의 판사 생활 중 온몸으로 마주한 사법 정의의 한계를 드라마라는 가상 세계에서 고발하고 싶었던 게 아니었을까? 권력에 의해 사법 정의가 무력화되는 불의한 현실 속에서 유력무죄 무력유죄有力無罪 無力有罪로 고통당하는 민초들의 해원解寃을 위한 전직 판사의 양심선언일까? 작가의 의도가 어떻든 악마판사 강요한이 남긴 훼어웰farewell이 묵직하게 들려온다.

악마판사가 불필요한 세상은 사법 정의가 확립된 세상이다. 유

정의의 여신 디케(DIKE)

력무죄 무력유죄가 통할 수 없는 세상이다. 그렇다면 사법 기관이 필요 없는 세상은 어떨까? 경찰 검찰 법원이 필요 없는 세상은 범죄가 없고 분쟁이 없는 세상일 것이다. '그런 세상이 가능하겠느냐'라는 질문보다 중요한 건 '그런 세상을 과연 원하겠느냐'라는 질문이다. 범죄와 분쟁은 사법 제도의 존재 이유다. 범죄와 분쟁이 없는 곳엔 경찰도 검사도 판사도 필요 없다. 범죄와 분쟁이 있어 사법 기관이 존립하고 범죄와 분쟁이 범람할수록 사법 권력은 강고해진다.

범죄자 소탕을 위해 밤낮없이 고군분투하는 전국의 경찰관들은 과연 범죄 없는 세상을 바랄까? 민형사상의 수많은 소송을 해결하느라 산더미 같은 조서 뭉텅이들과 씨름하는 판사들은 분쟁 없는 사회를 진정으로 원할까? 저것과 대결하는 그것이 저것의 멸절을 바랄 수 없는 건 저것이 그것의 존재 근거이며 저것의 흥왕이 그것의 권력을 강화하기 때문이다. 권력의 속성은 악과의 공존이다. 권력은 악을 처단하면서 악과 공존한다. 악을 처치하면서도 악의 멸절을 바라지 않는 이유다.

대테러 전쟁 실패?

이 글을 쓰는 중 미국 뉴욕의 9.11 테러 20주기를 맞았다. 테러 발생 후 부시 대통령은 테러 배후세력인 알카에다 소탕을 위해 테러와의 전쟁을 선포하고 알카에다의 은신처로 알려진 아프간 침공을 전격 단행했다. 그로부터 20년이 지난 지금 알카에다는 여전히 건재하고 미국은 테러 20주기 십여 일 전인 8월 30일, 6개월에 걸친 아프간 철군을 완료한다. 철군 완료 4일 전인 8월 26일, 미군 13명을 포함해 최소 100여 명이 사망하고 천여 명이 중경상을 입은 자살 폭탄 테러가 카불 공항 인근에서 발생했다. 천문학적인 돈을 쏟아붓고도 별 소득 없이 물러가는 미국을 비웃기라도 하듯 IS 자살특공대는 서방세계로의 탈출 행렬을 향해 폭탄을 터뜨렸다.

미국은 테러 소탕에 실패한 것인가? 외신에 따르면 카불 공항 테러 직후 미군은 무인 공격기 'MQ-9 리퍼'를 띄워 테러 배후세력인 'IS 호라산'의 고위급 2명을 제거했다고 한다. 아프간 철군 이후 드론 전쟁이 본격화할 것을 예고한 이번 작전은 타깃을 정밀 타격하는 미군의 드론 파워를 유감없이 보여 주었다. 그런데 테러 바로 다음 날 속전속결로 전개된 암살 작전은 테러 세력의 본거지를 미군이 이미 파악하고 있었기에 가능하지 않았을까? 그렇지 않고선 전광석화 같은 요인 제거는 불가능했을 것이다.

맘만 먹으면 언제든 어디서든 드론을 띄워 목표물을 정밀 타격하는 가공할 능력을 가진 미국이 9.11 테러 주범인 오사마 빈 라덴 사살에 성공한 건 대테러 전쟁 개시 후 10년이 훨씬 지난 2011년 5월

2일이었다. 카불 테러 단 하루 만에 테러 세력의 핵심 인물을 핀셋 제거한 미국이 알카에다의 수장을 찾는 덴 10년이 걸렸다. 미국은 10년 동안 빈 라덴의 소재를 파악하지 못했던 것일까? 대테러 전쟁 개시 3개월 무렵인 2001년 12월 초, 알카에다 지휘부가 은신해 있는 아프간의 산악지대 토라보라에 집중 폭격을 퍼부은 미군의 특수 작전팀이 빈 라덴 체포를 위해 국방부에 지상군 파병을 요청했으나 거절당했다는 게 당시 작전 책임자의 증언이다.

알카에다를 제거하기 위해 시작한 전쟁인데도 정작 알카에다 지휘부 소탕을 위한 파병 요청을 거부했다? 아프간 내 탈레반 정권 퇴출을 위한 군사력 집중을 이유로 거부했다지만 대테러 전쟁의 목표 달성을 코앞에 두고 딴눈 파는 권력자들의 진짜 속내는 무엇일까? 테러 없는 지구촌 건설이 전쟁의 목적이었다면 개전 3개월 만에 찾아온 절호의 기회를 무산시킨 건 납득하기 어렵다. 전쟁의 진짜 이유가 따로 있었다는 의구심을 지울 수 없는 대목이다. 미국이 정말 알카에다 소탕을 원한다면, 최첨단 살인 병기가 필요 없는 세상을 진정으로 바란다면 이럴 수 있을까?

세계 최대 무기수출국 미국엔 그저 무기 소모시장으로서 전쟁이 필요했던 게 아닐까? 미국산 무기 수입국 1, 2, 3위가 모두 중동 아랍 국가인 걸 고려하면 미국의 대테러 전쟁과 아프간 침공이 테러 없는 세상을 위한 지구 경찰의 순수 헌신이었다고 할 수 있을까? 악마판사 강요한이 자신이 필요 없는 세상을 원했듯 미국은 지구 경찰 완장을 영구히 떼버릴 날을 고대할까? 역대 미국 대통령들이 취임 일성으로 세계 경찰로서의 자국의 역할을 강조하는 걸 보면

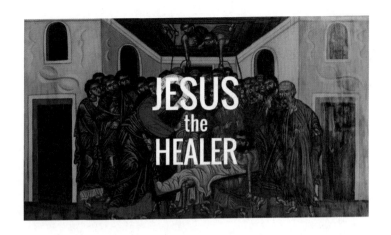

적과의 공존을 통해 국제 사회의 헤게모니를 차지하려는 세속 권력에 악마판사 같은 활약을 기대하는 건 불가능해 보인다.

복음서의 예수는 자신이 필요 없는 세상을 위해 죽었다. 그의 십자가 죽음은 인류의 죄의 형벌을 대신 짊어진 대속의 죽음으로서 죄인 없는 세상을 이룩하기 위한 죽음이다(마태복음 26:28 참고).

> **"건강한 자에게는 의원이 쓸데없고 병든 자에게라야 쓸데 있느니라"**(마태복음 9:12)

병든 인류가 건강해져 의사가 필요 없는 세상. 천상天上의 의사가 꿈꾸는 세상이다. '강요한이 필요 없는 세상을 만들려면 나는 무엇을 해야 할까'를 드라마를 통해 말하고 싶었다는 작가의 바람은 메시아가 필요 없는 세상을 위해 십자가 죽음을 택한 예수에게서 그 실현의 전거典據를 찾을 수 있지 않을까?

02.

자기 소멸론:
예수가 필요 없는 세상(2)

마가복음의 '메시아 비밀'

"자기가 더 이상 필요 없는 세상을
이룬 이타적 자기 소멸의 메시아."

자기 소멸론
– 예수가 필요 없는 세상(2)

"한 알의 밀이 땅에 떨어져 죽지 아니하면 한 알 그대로 있고 죽으면
많은 열매를 맺느니라"

-요한복음 12장 24절-

딸의 발목 치료를 위해 동네 정형외과를 찾았다. 문을 열고 들어서
자 큼지막한 현수막이 눈에 들어온다: "최고의 의료 서비스를 제공
하겠습니다." 대기석에 앉아 진료 순서를 기다리다가 잠시 딴지를
걸어본다: '이 병원을 드나드는 환자들이 최고의 치료를 받고 완치
되면 손님이 줄어 동네 장사(?)하는 의원으로선 운영이 어려울 텐
데 저 다짐이 진심일까?' 대기 시간이 길어지면서 불온한(?) 생각
은 이어진다: '전국의 의사들과 병원들은 무병장수 시대를 환영할
까?' 지금 이 순간도 환자의 쾌유를 위해 혼신의 힘을 쏟고 있는 대
다수 의료인들의 성심을 의심할 생각은 없다. 아픈 사람 놓고 장삿

속 챙기는 의료자본주의를 향한 발칙한 의구심이라고 해 두자.

예수가 바라는 세상

의사는 의사가 필요 없는 무병無病 세상을 바랄까? 판검사는 자신들이 불필요한 무범죄無犯罪 세상을 원할까? 의료 권력, 사법 권력을 거머쥔 이들은 밥그릇을 염려하지 않아도 될 것 같다. 의사, 판검사가 필요 없는 세상은 오지 않을 것 같으니. 그런데 천상의 의사는 다르다. 예수는 자신이 없어도 되는 세상을 구현하기 위해 태어났다고 성서는 기록한다.

> "아들을 낳으리니 이름을 예수라 하라 이는 그가 자기 백성을 저희 죄에서 구원할 자이심이라"(마태복음 1:21)

> "이것은 죄 사함을 얻게 하려고 많은 사람을 위하여 흘리는 바 나의 피 곧 언약의 피니라"(26:28)

신의 아들이 세상에 온 건 자기 죽음으로 인류를 치유하기 위해서다. 예수란 존재는 인류의 치유를 위해 죽어 사라질 작정으로 출생했으니 예수가 바라는 세상은 자신이 필요  없는 세상이었던 것이다. 신약 성서 요한복음에는 자기 없는 세상

실현을 위한 천상의天上의 훼어웰이 상세히 기록돼 있다.

> "내가 아버지께 구하겠으니 그가 또 다른 보혜사(=파라클레토스)
> 를 너희에게 주사 영원토록 너희와 함께 있게 하리니"(요한복음
> 14:16)

> "내가 너희에게 실상을 말하노니 내가 떠나가는 것이 너희에게 유
> 익이라 내가 떠나가지 아니하면 보혜사(=파라클레토스)가 너희에
> 게로 오시지 아니하실 것이요 가면 내가 그를 너희에게로 보내리
> 니"(16:7)

요한복음 13장의 세족식으로 시작해서 17장까지 이어지는 예수의
긴 작별 인사는 복음서 전체의 약 4분의 1에 해당하는 분량만큼이
나 중요한 교훈들을 많이 담고 있다. 그 가운데 제자들에게 보혜사
성령을 소개하는 장면이 흥미롭다. 위 본문의 '보혜사파라클레토스'는
'돕는 자helper'란 뜻인데 예수가 성령을 '또 다른 보혜사'로 호칭했
다는 건 예수 자신이 보혜사이고 성령은 자기 죽음 이후 자신을 대
체할 보혜사임을 의미한다. 자기 죽음이 오히려 제자들에게 이로
운 이유로 예수는 첫째, 성령은 제자들과 영원히 같이 있을 것이기
때문이고 둘째, 자신이 죽어야만 성령이 임하기 때문이라고 확언했
다. 이처럼 예수의 탄생과 삶과 죽음은 자기 없는 세상을 구현하기
위한 것이었다.

자기 소멸의 가치

자기 없는 세상을 위한 자기 소멸의 숭고한 가치를 시인 김수영은

이렇게 묘사했다: "'시의 뉴 프론티어'란 시가 필요 없는 곳이다. 무용론은 시인의 최고 혐오인 동시에 최고의 목표이기도 한 것이다." 김수영은 그의 글 〈시의 뉴 프런티어〉에서 시가 필요 없는 세상이 시와 시인이 지향해야 할 세상임을 갈파했다. 이른바 그의 '시 무용론無用論'은 모든 사람이 시를 쓸 수 있어 시인과 이여爾餘

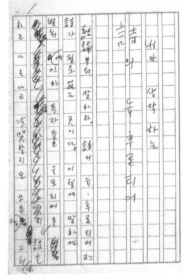

김수영 시인의 육필 원고

의 구별이 없어져 시인이 의미가 없어지는 것을 의미한다. 그에게 시는 주관적 서정으로의 침잠이나 난수표 같은 언어 유희가 아니라 타자他者와의 소통 행위로서, 그가 말한 시의 뉴 프런티어는 나와 타자가 동화되고 개인과 집단의 운명이 일치하는 세상이다. 시인 김수영은 바로 그런 세상, 곧 시인이 필요 없는 세상을 꿈꾸는 자기 소멸의 문학성을 추구했다.

자기 소멸의 가치는 비단 시와 시인에게만 해당할까? 문학과 예술의 지향점이 타자와의 소통 및 동화에 있다면 자기 소멸은 모든 문학인과 예술인의 궁극적 목표이어야 한다는 건 자연스러운 귀결이다. 자신보다 자신의 음악이 주목받길 바랐던 세계적인 기타리스트 팻 메스니Pat Metheny는 무대에서 투명 인간이고 싶다고 했다. 음악을 통한 대중과의 소통에 걸림돌이 된다면 자신의 유명세조차 기꺼이 제거하고 싶은 '찐' 음악가의 자기 소멸적 예술관이 농익은 고백이 아닐 수 없다.

> "한 알의 밀이 땅에 떨어져 죽지 아니하면 한 알 그대로 있고 죽으면 많은 열매를 맺느니라 자기의 생명을 사랑하는 자는 잃어버릴 것이요 이 세상에서 자기의 생명을 미워하는 자는 영생하도록 보전하리라"(요한복음 12:24~25)

죽으면 살고 소멸하면 영생한다는 메시아의 자기 소멸적 영생관을 노정하는 본문이다. 내가 죽어 남을 이롭게 하는 예수의 자기 소멸적 생애는 복음서 곳곳에 기록되어 있다. 예수는 초자연적 치유 기적과 축귀 등의 사건으로 자신이 주목받는 걸 원치 않았으며 자신이 알려지는 걸 극구 꺼렸다(마가복음 1:34, 44~45; 3:11~12; 5:43; 7:24, 36; 8:30; 9:9, 30). 자신의 행적과 가르침이 왕성하게 전파될수록 예수는 자신을 숨겼다. 유명해질수록 예수는 무명의 길, 소멸의 길로 걸어갔다.

교회는 어떤가? 예수를 믿고 예수를 전하고 예수를 숭상하는 교회는 예수의 길을 따라가고 있는가? 예수의 제자들은 자기를 부인하고 자기의 십자가를 지고 예수와 동행하고 있는가? 세속의 권력과 높은 지위가 이웃 및 세상과의 소통에 걸림돌이 된

다면 기꺼이 이를 버리고 자기 소멸의 길을 걸어갈 수 있는가? 서울과 수도권의 금싸라기 땅에 자리한 대형 교회의 담임목사님들은 교인들의 성령 충만을 진정으로 바랄까? 성령이 누구신가? 신자들과 영원히 함께하시는 보혜사가 아닌가. 그는 진리를 가르치고 예수의 복음을 기억나게 하는 최고의 스승이다(요한복음 14:26; 16:13~15). 그 보혜사가 신자 개개인과 늘 함께 있어 모든 진리와 복음의 진수를 일깨우고 영적 삶을 살게 한다면 과연 제도권 교회는 지금보다 더 융성해질까?

성령은 예수의 대체 보혜사로서 그와의 동주同住는 곧 예수와의 동주를 의미한다. 성령 충만이란 따라서 신자가 성령에게 붙들려 진리와 복음에 걸맞은 신앙과 삶을 영위한다는 뜻일 게다. 그런데 목사 1인의 권위에 올인하던 신도들이 성령에게 붙들려 진리와 복음에 정통하고 각자가 성령의 인도하심 속에 예수와 동주하는 삶을 살아간다면(즉, 신도들이 성령 충만하다면) 교회에서 목사의 위상이 지금과 같이 강고하게 유지될 수 있을까? 자기가 필요 없는 세상을 구현하기 위해 예수가 걸어간 소멸의 길을 교회들은, 신도들은 과연 걸어갈 수 있을까? 대형 교회 목사는 자기가 필요 없는 교회를 진정으로 원할까?

천국엔 의사가, 경찰이, 판사가 없다. 아니, 필요 없다. 천국은 질병도 범죄도 없는 곳이기 때문이다. 천국엔 예수도 십자가도 없다. 죄인이 없기 때문이다. 대신에 천국엔 죄인들을 위해 참혹하게 '죽임당한 어린양'이 천상의 보좌 앞에 우뚝 서 있다(요한계시록 5:6). 대속과 구원이 성취된 세상, 예수가 더 이상 필요 없는 세상을 이룬 이타적 자기 소멸의 메시아는 만유의 경배를 받는 영원한 성전으로서 만유의 등불이 되어 '그 세상'을 밝히고 있다(요한계시록 5:13; 21:22~23).

03.

성서의 가라지 제거론:
함께 사는 세상(1)

LET BOTH GROW TOGETHER UNTIL THE HARVEST:

"인류 역사상 최악의 가라지 제거론자.

금주, 금연, 금욕을 실천한 도덕적인 지도자로

정평이 난 그를 주위 사람들은 예의가 바르고

친절하며 다정한 사람으로 기억한다."

성서의 가라지 제거론

- 함께 사는 세상(1)

"가만두어라 가라지를 뽑다가 곡식까지 뽑을까 염려하노라"

-마태복음 13장 29절-

신약 성서 복음서의 '천국 비유'는 천국, 곧 하늘나라를 알기 쉬운 비유로 설명한 복음서의 독특한 문학 양식이다. 하나님으로부터 왔고 하나님을 보았으며(요한복음 6:39~46) 하나님의 일을 행하고 (10:37) 하나님의 말씀을 직접 듣고 전하는 하나님의 아들(12:49, 14:24)이 설파했기에 천국 비유는 하늘나라가 궁금한 이들에게 관심 대상이 아닐 수 없다. 천국을 알고 싶고 천국을 가고 싶은 이들이라면 천국 비유를 주목하게 되는 이유다. 그런데 흔히 천국, 천당이라고 하면 죽은 뒤 가는 곳으로 생각한다. 물론 사후 세계로서의 천국도 복음서의 주제이지만 천국 비유들의 교훈을 잘 살펴보면 비유의 초점은 주로 현세에 맞춰져 있다. 땅에 임하는 하늘의 통치, 세상을 향한 하늘의 뜻 선포 이것이 천국 비유의 중심 주제다.

땅에 임한 하늘의 통치

땅에 임하는 하늘의 통치, 세상을 향한 하늘의 뜻 선포라는 주제는 땅(세상)에 반反하는 하늘의 통치(뜻)를 함의한다. 천국 비유는 땅의 논리, 땅의 가치를 뒤엎는 하늘의 뜻을 선포한다. 가치 전도顚倒, 그것이 천국 비유의 주요 기능이다. 하늘의 통치가 땅의 논리와 가치를 전도하는 비유를 살펴보자. 복음서 가운데 천국 비유는 특히 마태복음에 많이 등장하는데 그중 대표적인 것으로 '가라지 비유'(13:24~30)를 꼽을 수 있다.

비유의 서사는 이렇다: '밭 주인이 자기 밭에 좋은 씨앗들을 파종했는데 어느 날, 밭 주인의 원수가 밤에 몰래 밭에 가라지를 뿌렸다. 시간이 지나 곡식이 자라고 가라지도 같이 자라는 걸 본 주인의 종들이 가라지를 뽑겠다고 나섰다. 그런데 주인은 원수의 짓인 걸 알면서도 가라지를 뽑지 말라고 말한다. 추수 때가 되면 추수꾼들을 시켜 가라지를 거둬 불태울 것이라는 계획을 언급하면서 주인은 추수 때까지 함께 자라게 두라고 종들에게 명령한다.'

가라지 비유에서 예수는 천국, 즉 하늘의 통치(뜻)를 밭 주인에 비유했다. 천국이 밭 주인과 같다는 말이다. 천국을 의인화해서 밭 주인에 비유했다는 건 하늘의 뜻이 밭 주인 캐릭터를 통해 계시됐다는 의미다. 세상을 향한 하늘의 뜻을 비유의 밭 주인을 통해 알 수 있다. 하늘의 뜻을 알고 실천하면 예수의 가족이 되고(마태복음 12:50) 천국에 들어갈 수 있다고 했다(7:21). 천국에 관심 있는 독자라면 밭 주인을 통해 나타난 하늘의 뜻을 필자와 함께 찾아가 보자. 앞에서 언급한 대로 천국 비유는 땅(세상)의 논리나 가치를 뒤엎는 메시지를 함의한다. 그렇다면 가라지 비유에는 어떤 가치 전도 메시지가 있을까?

가장 눈에 띄는 건 가라지를 뽑겠다는 종들을 주인이 말렸다는 점이다. 땅의 논리로는 가라지를 뽑는 게 맞다. 그래야 곡식이 잘 자라서 많은 수확을 기대할 수 있기 때문이다. 그런데 주인은 가라지를 뽑지 말고 곡식과 함께 자라게 놔두라고 말한다.

가치 전도 메시지

"둘 다 추수 때까지 함께 자라게 두어라"(마태복음 13:30)

곡식과 가라지의 공존? 왜 가라지를 뽑지 말라는 것일까? 농작물의 생장과 수확을 위해 잡초를 제거하는 건 당연한 땅의 논리다. 밭 주인은 그 땅의 논리를 거스른다. 가치 전도에 관한 메시지를 이 대목에서 찾아야 하는 이유다. 가라지를 제거하지 말고 추수 때까지 곡식과 함께 자라게 하라는 밭 주인의 뜻에 하늘의 뜻이 투영되고 있다. 그런데 가라지와 곡식의 공존을 명령하는 이유를 파악하기 위해 선결돼야 할 문제가 있다. 그건 '종들'과 관련된 의문이다. 비유해설(37~43절)을 보면 비유에 등장하는 캐릭터(밭, 밭 주인, 원수, 좋은 씨, 가라지, 추수꾼)의 정체를 하나하나 설명하는데 이상하게도 '종들'에 관해서는 언급이 없다.

> "좋은 씨를 뿌리는 이는 인자요 밭은 세상이요 좋은 씨는 천국의 아들들이요 가라지는 악한 자의 아들들이요 가라지를 심은 원수는 마귀요 추수 때는 세상 끝이요 추수꾼은 천사들이니 그런즉 가라지를 거두어 불에 사르는 것 같이 세상 끝에도 그러하리라"(마태복음 13:37~40)

비유에서 종들은 밭 주인과 함께 주요 등장인물로서 비유의 서사를 구성하고 전개하는 중요한 캐릭터이다. 그런데 이들이 누구인지 설명이 없다. 종들은 누구일까? 왜 설명이 없을까?

각 캐릭터의 정체를 대입해서 비유의 서사를 다시 구성해 보자: '인자人子(=예수 그리스도)가 세상에 천국의 아들들을 보내고 마귀도 악한 자(또는 악한 것)의 아들들을 보내 양측이 뒤섞여 살고 있는데 인자의 종들이 가라지가 악한 자의 아들들임을 알고 이들을 제거하려 하자 인자가 종들의 행동을 제지하고 천국의 아들들과 악한 자의 아들들이 공존하도록 놔둘 것을 명령한 뒤 악한 자의 아들들에게는 세상 끝 날에 천사들을 통해 지옥 불 심판을 내릴 것이라고 말했다.' 요약하면 이렇다: '종말의 심판 때까지 천국의 아들들과 악한 자의 아들들을 공존하게 하라 심판 때 천사들을 통해 악한 자의 아들들을 심판할 것이다'가 밭 주인을 통해 나타난 인자의 뜻이며 하늘의 뜻이다. 이 요약이 본문 30절에 있다.

> **"둘 다 추수 때까지 함께 자라게 두어라 추수 때에 내가 추수꾼들에게 말하기를 가라지는 먼저 거두어 불사르게 단으로 묶고 곡식은 모아 내 곳간에 넣으라 하리라"(30절)**

주인은 '내가 추수꾼들에게 추수를 맡기겠다', '곡식은 내 곳간에 넣겠다'라고 말했다. 가라지 구분과 제거는 주인의 권한임을 강조한 표현이다. 천국의 아들들과 악한 자의 아들들의 공존을 '선악 공존'이라고 명명한다면 선악 공존과 가라지 불간섭 메시지가 종들에게 주어진 것이다. 종들은 가라지를 알아보았고 제거하려 했다. 그러면 그들은 주인의 밭일을 하는 사람들일까? 종들이 주인에게 질문한 "주여 밭에 좋은 씨를 심지 아니하였나이까?"(27절)의 헬라어 원문을 보면 씨를 뿌린 이는 종들이 아니라 주인이다. 씨를 주인이 뿌렸다는 건 종들은 농사 담당이 아니라는 걸 말한다. 아마도 그들은 가사 담당으로 추정된다. 가라지를 제거하겠다는 종들을 만류하면서 주인은 만류의 이유를 밝혔다.

> **"주인이 가로되 가만두어라 가라지를 뽑다가 곡식까지 뽑을까 염려하노라"(29절)**

주인은 종들이 가라지를 뽑으려다가 곡식을 뽑을 것을 우려했다. 종들이 가라지를 뽑다가 곡식을 뽑는다는 건 그들이 농사에 미숙하

다는 의미다. 가라지와 곡식의 뿌리가 서로 엉켜 있어 곡식까지 뽑힐 것을 우려한 것이라는 해석이 있는데 뿌리의 엉킴은 시간이 지날수록 더 심해지기 마련이므로 되도록 빨리 가라지를 제거하는 게 맞다. 따라서 뿌리 엉킴 주장은 설득력이 떨어진다. 주인이 우려한 건 뿌리 엉킴이 아니라 농사가 전문이 아닌 종들이 곡식을 가라지로 오인해서 뽑을 위험이 있다는 점이다.

비유 해설에서 유독 종들의 정체만 특정하지 않은 건 특정할 수 없다 또는 특정할 필요가 없다는 함의다. 종들은 특정 사람, 특정 계층, 특정 그룹으로 한정할 수 없기에 특정하지 않았다고 보는 게 맞다. 종들의 정체를 특정할 수는 없지만 그들이 어떤 성향인지는 파악할 수 있다. 비유의 종들은 선악을 구분해서 악을 제거하려는 이들이다. 그런데 주인은 종들의 선악 구분을 반대한다. 종들의 실수로 선이 다칠 수 있기 때문이다. 정리하면, 비유의 주인 캐릭터를 통해 나타난 하늘의 뜻은 이렇다: '선악을 구분해서 악을 제거하려 하지 마라. 네가 실수해서 선이 다칠 수 있다. 선악 구분과 악 제거는 네가 아니라 내가 할 거다.' 이를 한마디로 요약하면, '선악 구분과 심판은 하늘의 영역이니 너는 관여하지 마라.'이다.

가라지 제거론자

가라지 비유가 전하는 가치 전도 메시지는 명확하다: '가라지를 제거하려는 시도를 멈추라 곡식과 가라지가 함께 자라게 두라.' 그런데 땅의 논리는 반문한다: '가라지를 놔두면 곡식이 위험하지 않겠나.' 비유는 다시 말한다: '곡식에 위험한 건 가라지가 아니라 가라지를 제거하려다 곡식까지 제거할지 모르는 그들이다.' 세상의 논리와 천상의 논리의 충돌이다. 곡식을 위해 가라지를 제거해야 한다는 세상의 논리에 하늘의 뜻이 제동을 걸었다. 곡식에 진짜 위험한 건 가라지보다 가라지 제거론자들이라는 게 땅에 임한 하늘의 뜻이다.

비유의 종들, 즉 '가라지 제거론자'는 특정인이 아니다. 누구라도 될 수 있다. 처음 보는 사람이 이유 없이 눈에 거슬리고 꼴 보기 싫다면 우린 어느새 가라지 제거론자가 되어 있는 건지 모른다. 그를 배척하고 싶은 충동, 그런 사람과 섞이기 싫은 마음에 가라지 제거론이 자리하고 있을지 모른다. 가라지 제거론은 '다름difference, 異'을 '틀림wrongness, 誤'으로 간주하고 배척하려 한다. 종들의 정체에 관한 비유의 침묵은 누구나 종들이 될 수 있고 어디에나 종들이 있을 수 있다는 무언의 경계로 들린다.

인류 역사상 최악의 가라지 제거론자가 있다. 금주, 금연, 금욕을 실천한 도덕적인 지도자로 정평이 난 그를 주위 사람들은 예의가 바르고 친절하며 다정한 사람으로 기억한다. 그의 여비서를 비롯한 측근들은 한결같이 그가 친절하고 소탈한 성격이었다고 증언한다. 그의 전속 요리사가 유태계 혈통이라는 사실이 밝혀져 해고됐을 때도 연금 수령과 재취업에 불이익이 돌아가지 않도록 유태 혈통 기록을 삭제하는 배려까지 했다고 한다. 자신을 위한 음악회 개최를 끝내 사양하고 지인들과의 사석 자리에선 탈권위적인 모습을 보였으며 찰리 채플린의 영화를 밤새도록 즐겼던 아리안족 영웅.

인간미 넘치는 이 지도자는 그러나 잡혈을 민족 패망의 길로 규정한 게르만 순혈주의를 주창하고 인종 제거 정책을 단행한다. 제거 대상 인종을 신의 아들을 죽인 악으로 규정하고 신의 이름으로, 인류 공영이란 미명 아래 미증유의 인종 학살을 저지른 그는 비유의 그 '종들'이 아닐까? 그는 전형적인 확증 편향성 인간이었다. 그의 친절과 자상함은 자기에게 필요하거나 자기 맘에 드는 사람에 대한 것이었을 뿐 그렇지 않은 이들에게는 냉담하고 배타적이었다는 게 측근들이 전하는 그의 실체다. '함께 자라게 두어라'라는 하늘의 뜻을 그가 알았었더라면 대학살 참극은 일어나지 않을 수 있었을 텐데…, 부질없는 가정법이라고 치부하지는 말자. 내 안에도, 우리 안에도 그 '종들'이 있을지 모르니까.

04. 권력과 종교의 가라지 제거론:
함께 사는 세상(2)

"신의 종들에 의해 자행된 가라지 제거의

흑역사를 종들의 후손이 백번 참회한다고

신의 명을 거역한 죄가 씻어질까?"

권력과 종교의 가라지 제거론
- 함께 사는 세상(2)

"종들이 말하되 그러면 우리가 가서 이것을 뽑기를 원하시나이까"

-마태복음 13장 28절-

마태복음의 '가라지 비유'(13:24~30)와 그 해설(36~43절)에 나타
난 천국의 가치 전도顚倒 메시지 '선악 공존'은 악을 방치하라는 의
미가 아니다. 오히려 비유와 해설은 가라지, 곧 악한 자의 아들들에
대한 풀무 불 심판을 언명한다(30, 40~42절). 풀무 불은 지옥 불을
지칭한다. 천국의 아들들과 함께 생장하는 악한 자의 아들들은 지
옥 불에 던져질 것이고 심판은 인자(예수 그리스도)가 천사들을 통
해 주도한다는 게 가라지 비유가 공포하는 종말적 심판론이다. 천
사들을 통한 불의 심판이라고 하니까 혹자는 넷플릭스 드라마 〈지
옥〉을 떠올릴지 모르겠다. 신이 지정한 악인을 신이 보낸 죽음의

천사들이 불로 태운다는 드라마의 설정이 가라지 비유를 위시한 복음서의 불 심판 서사를 차용한 것으로 보인다.

그러나 드라마가 묘사하는 심판이 현세에서의 심판이라면 복음서의 불 심판은 종말적 심판, 즉 세상 끝날의 심판이라는 점에서 다르다. 또 드라마에서 심판과 심판 일정을 대상자에게 알리는 장면도 성서와 다르다. 성서가 말하는 종말적 심판의 날과 때는 인간이 알 수 없는 신의 영역이므로 드라마처럼 죽음의 천사가 심판 일을 고지하는 것은 성서와 맞지 않는다. 그런데 양자 간엔 중요한 공통점이 있다. 심판의 주체가 인간이 아니라는 점이다. 드라마 〈지옥〉에서 심판의 대상들은 숨은 악인들이다. 현실 세계의 법망을 피해 죄를 감추고 살아가는 가증한 인간들을 신이 직접 심판한다. 인간에 대한 심판권이 신에게 귀속된다는 점에서 드라마 〈지옥〉은 복음서의 심판론과 궤를 같이한다.

위험한 충정

'선악 공존과 심판 주권'이란 가라지 비유의 메시지는 인간에 대한 인간의 심판을 경계한다. 경계의 이유는 '가라지를 뽑으려다 곡식까지 뽑을까'(29절)이다. 비유에서 '함께 자라게 두어라'란 주인의 명령은 종말적 심판에 관한 신의 주권을 공포할 뿐 아니라 현세에서 인간들 사이의 상호 비판과 판단에 대한 신의 제재를 함의한다. 가라지를 제거하겠다는 종들을 밭 주인이 제지한 건 농사 전문이 아닌 그들이 곡식을 가라지로 오인해서 곡식이 피해당할 것을 우려했기 때문이다. 주인을 위한 종들의 충정이 초래할 역기능을 예견한 것이다. 곡식엔 가라지의 존재보다 종들의 어설픈 충정이 더 위험하다는 주인의 통찰이 반영됐음은 물론이다.

가라지보다 위험한 종들의 충정. 얼마나 위험하길래 주인은 차라리 가라지를 놔두는 편을 택하는 걸까? 종들이 위험하다면 추수꾼들을 시켜 당장 가라지를 제거해야 하는 게 아닐까? 곡식의 생장에 방해가 될 게 뻔한 가라지를 드라마 〈지옥〉의 그 신처럼 당장 제거하면 될 텐데 왜 주인은 그들을 추수 때까지 놔두는 것일까? 비유와 관련한 이 의문은 그런데 우리가 살고 있는 세상과 관련해서 이렇게 치환된다: '착한 이들을 괴롭히는 악한 자들을 도려내서 이 세상을 착한 이들만 사는 세상으로 만들면 좋을 텐데 왜 비유의 인자(예수 그리스도)는 악한 자들을 착한 이들 속에 놔두는 걸까? 착한 이들이 악한 자들 때문에 받는 괴로움을 외면하는 것인가?'

가라지보다 더 위험한 '종들'의 역사적 사례를 2000년 3월 5일 로마 교황청이 발표한 〈회상과 화해: 교회의 과거 범죄〉라는 제목의 성명서에서 찾아볼 수 있다. 성명서에서 교황 요한 바오로 2세는 가톨릭교회가 저지른 과거 죄악상으로 십자군 원정, 중세 종교 재판, 신대륙 정벌, 유대인 학살 방관을 꼽으며 교회의 과오를 반성한다고 고백했다. 1095년 교황 우르바누스 2세의 칙령으로 출정한 십자군에 의해 무고한 유대인과 이슬람교도 7만여 명이 학살됐고 이후 약 350년에 걸친 십자군 원정 기간 중 수백만 명의 사람들이 희생된 바 있다.

1252년 교황 이노센트 4세가 이단에 대한 고문과 화형을 승인한 이후 전 유럽을 공포의 도가니로 몰아넣은 종교 재판은 가톨릭 교리에 동조하지 않는 개신교도들과 제도권 밖 신자 집단을 이단으로 단죄하여 잔혹한 고문을 가하거나 화형에 처했다. 역사가들에 따르면, 로마 가톨릭교회가 제도화된 4세기부터 고문이 폐지된 19세기 전까지 약 1500년 동안 최소 5천만 명이 마녀사냥이란 명

마녀 화형식

분의 종교 재판에 의해 희생됐다. 가톨릭교회의 충성스러운 '종들'에 의해 제거된 수천만의 이교도와 이단은 모두 가라지였을까? 희생된 이들 중에 혹시 곡식이 있었다면 곡식을 제거한 종들은 큰 죄를 범한 게 아닌가?

가라지 제거를 반대하고 선악 공존을 천명한 비유의 메시지는 교회의 충직한 종들에 의해 외면당했다. 예수의 메시지가 예수의 종들에 의해 무시당한 사례는 더 있다. 1493년 교황 알렉산더 6세는 스페인과 포르투갈의 신대륙 선교를 승인했는데 그 결과는 실로 참혹했다. 신의 대리자로부터 대륙 정복의 신탁을 부여받은 '종들'에겐 거칠 것이 없었다. 성경과 검을 앞세운 제국주의 정복자들은 아메리카 원주민들의 개종을 강요했고 거부하는 이들을 가라지로 간주하여 제거했다. 기록에 의하면 16세기 한 세기 만에 잉카제국과 아스테카 제국의 인구가 각각 92%(887만 명→67만 명), 95%(2500만 명→107만 명) 감소했으며 중남미 전체를 보면 8천만 명에 달하던 인구가 불과 백 년 사이에 1천만 명으로 급감했다고 역사는 증언한다.

충성스러운 불순종

신의 종들에 의해 자행된 가라지 제거의 흑역사를 그 종들의 후손이 백번 참회한다고 신의 명을 거역한 죄가 씻어질까? 가라지 비유에는 종들이 밭 주인의 명령을 따르지 않고 가라지를 제거할 경우 그들에게 어떤 처분이 내려지는지 구체적인 언급은 없다. 그러나 마태복음의 다른 본문에는 종들의 불순종에 대한 처벌이 명시돼 있다.

> **"그날에 많은 사람이 나더러 이르되 주여 주여 우리가 주의 이름으로 선지자 노릇하며 주의 이름으로 귀신을 쫓아내며 주의 이름으로 많은 권능을 행치 아니하였나이까 하리니 그때 내가 저희에게 밝히 말하되 내가 너희를 도무지 알지 못하니 불법을 행하는 자들아 내게서 떠나가라 하리라"(마태복음 7:22~23)**

주인의 뜻을 거슬러 가라지를 뽑아낸 종들의 행위는 결과적으론 주인을 위한 불순종, 곧 충성스러운 불순종이다. 위 본문에 등장하는 이들이 그런 이들이다. 이들은 주를 위하여, 주의 이름으로 예언자 사역, 축귀 사역, 능력 사역을 충실히 수행했음에도 버림받는다. 이들의 주님(예수 그리스도)이 이들을 불법자라 단죄하는 이유는 하늘에 계신 아버지, 곧 천부天父의 뜻대로 하지 않았기 때문이다(21절). 사역도 충성도 하늘의 뜻대로 하지 않고 자기 생각, 자기 욕망대로 할 때 인정을 받지 못할 뿐 아니라 버림받는다는 예수의 경고는 가라지 비유의 종들에게도, 중세 교회의 가라지 제거 장본인들에게도 해당하지 않을까?

교황의 마지막 사과 주제는 나치의 홀로코스트 묵인이다. 독재자 히틀러의 유대인 학살 광풍이 유럽 전역을 휩쓸 때 가톨릭교회가 이를 암묵적으로 용인했다는 양심 고백이다. 원수 사랑을 설파하고(마태복음 6:44) 스승을 지키려는 제자의 칼을 거두라고 명령한(26:52) 예수 그리스도를 믿고 전하는 교회가 학살을 묵인했다? 이게 도대체 무슨 상황인가? 인류의 대속을 위해 십자가 형벌을 담당한 구세주를 신봉하는 교회가 미치광이 지도자와 그 권력의 칼춤을 용인했다는 교황의 고해를 어떻게 받아들여야 할까? 역사의 진실은 무엇인가?

교황 요한 바오로 2세의 사과와 함께 공개된 바티칸 비밀문서에 따르면, 1930년 가톨릭 교인들의 나치당 입당을 금지하고 나치당원에 대한 영성체 배부를 거부한 독일 가톨릭교회가 1933년 1월 히틀러의 집권 직후 돌연 나치당에 대한 지지를 표명하기에 이른다. 두 달 후인 3월 28일 교황청은 풀다Fulda에서 열린 주교단 회의를 통해 3년 전의 결정을 철회하고 그해 6월에는 바티칸-히틀러 협정을 체결하여 '정교조약'에 서명한다.

'나는 합법적으로 구성된 나치 정부를 존중할 것을 맹세하고 약속한다. 나는 나치 정부를 위험에 빠뜨릴 수 있는 위해로운 행위들을 예방하기 위해 노력한다.'(정교조약 16조)

나치 정권을 반대하던 교황청이 3년 만에 반대를 철회하고 협정을 체결하면서까지 나치 정권을 지지한 이유는 무엇일까? 교황청의 비밀문서와 당시 국제정세를 종합해 보면 교황청이 입장을 급선회한 건 나치 정권의 반反공산주의 강령 때문이라는 게 정설이다.

1917년 볼셰비키 혁명으로 러시아에 공산정권이 수립되고 유럽과 아시아 주요 국가들에 연쇄적으로 공산당이 들어서자 이를 교회에 대한 위협으로 간주한 교황청에는 공산주의에 맞설 정치세력이 필요했다. 당시 교황 피우스 11세는, 예수를 죽인 유대인을 옹호하는 사도 바울을 비판하고 유대교를 적대시하는 나치즘의 위험성을 인식하고 있었지만 교회에 더 큰 위협인 공산주의로부터 교회를 보호한다는 명분 아래 독재 권력의 손을 들어준 것이다. (*1937년 3월 19일 전 세계 가톨릭교회에 내린 교서에서 교황 피우스 11세는 공산주의를 '악마적 만용', '어둠의 자식들', '원수'로 규정하고 이들에 맞서 싸울 십자군의 결집을 촉구했다.)

한 영혼을 구하기 위해서라면 악마와도 협상하겠다는 자신의 소신대로 최악을 제거하기 위해 차악次惡의 손을 잡은 교황의 판단은 과연 성과를 거두었을까? 교황청의 지지를 얻어낸 나치 정권은 거침이 없었다. 자국 내 공산당을 강제로 해산한 히틀러는 주변국들의 동조 내지는 묵인 속에 동유럽과 소련을 향한 진군을 멈추지 않았다. 공산당 박멸이 목적이었다지만 우생학적 신념에 함몰된 독재자의 총구는 열성 인종을 향하고 있었다. 제2차 세계대전의 도화선이 된 독일의 폴란드 침공으로 시작된 나치의 인종 말살 만행으로 600만 명이 넘는 유대인들이 학살당했다.

> '유대인은 우리 안에 있다. 우리 안의 모든 악의 요소를 제거해야 한다. 보이지 않는 악마보다 그 육신의 형상을 제거하는 게 더 쉽다.'(히틀러의 참모 헤르만 라우슈닝Hermann Rauschning이 회고한 히틀러의 언설)

가톨릭 신자들을 지키기 위해 인종 학살을 눈감은 그리스도의 충성스러운 종들은 불순종의 벌을 피할 수 있을까?

세계 3대 성당으로서의 웅장한 규모와 화려한 고딕 양식을 자랑하는 스페인의 세비야 대성당은 탐험가 콜럼버스의 묘가 있는 곳으로도 유명하다. 성당 내부에는 눈부신 황금 제단이 있는데 높이 27미터, 폭 18미터의 제단 벽면에는 아기 예수 탄생과 최후의 만찬 형상의  부조浮彫를 비롯해 기독교 관련 다양한 부조들이 정교하게 조각돼 있어 보는 이들의 눈길을 사로잡는다. 그런데 이 제단 제작에 투입된 약 1.5톤의 황금이 개종을 거부한 신대륙 원주민들을 제거한 땅에서 약탈한 것이란 사실을 관람객들은 알고 있을까?

이천 년 전 가라지 비유를 설파한 예수는 교회의 충성스러운 종들이 저지를 반인륜적 만행을 예견할 것일까? 함께 자라게 두라는 하늘의 뜻을 거역한 결과는 실로 처참하고 끔찍했다. 예수 그리스도, 곧 심판 주권자의 가르침을 왜곡하고 무시한 그들은 어떤 벌을 받게 될까?

frenemy

noun [**fren**-uh-mee]

a person or group that is friendly toward another because the relationship brings benefits, but harbors feelings of resentment or rivalry.

"그 사람 '때문에' 상처와 절망을
경험하게 되고 또 그 사람 '덕분에'
성장하고 발전하게 되는 '그 사람'은
친구이자 원수이고 원수이자 친구다."

프레너미frenemy
– 함께 사는 세상(3)

"둘 다 추수 때까지 함께 자라게 두어라"

-마태복음 13장 30절-

종들의 실수로 인한 곡식의 피해를 막기 위해 주인이 가라지 제거를 제지한 것이라는 건 앞의 칼럼에서 살펴보았다. 그런데 아직 풀리지 않은 의문점이 있다. 가라지로부터 곡식을 보호하려는 조치를 주인이 전혀 취하지 않았다는 사실이다. 진짜 그냥 놔두었다. 종들의 오판으로 곡식이 피해를 볼 것이 우려가 됐다면 가라지로 인한 피해도 예상되는데 가라지에 관해서는 아무런 조치를 하지 않았다. 농사를 망칠 생각이 아니라면 가라지를 곡식과 함께 자라게 놔둔다는 건 무슨 의도일까?

가라지를 왜 놔두는가

비유의 해설대로 가라지는 악
한 자의 아들들이다(마태복음
13:38). 비유의 해설은 비유의
무대를 밭에서 인간 세계로 치
환한다. 비유의 '곡식과 가라지
공존' 주제는 그러므로 비유 해
설을 통해 인간 영역에서의 '선

악 공존' 이슈로 전환된다: '천국의 아들들 속에 악한 자의 아들들
이 살고 있는 세상'. 콩 심으면 콩이 나고 팥 심으면 팥이 나듯 악한
자의 아들은 악한 자다. 악한 자의 아들들을 '악인惡人'이라고 한다
면 인자, 곧 예수 그리스도가 심은 천국의 아들들은 '선인善人'이라
고 할 수 있다. 그런데 악인을 선인과 함께 살게 두는 건 무책임한
방치가 아닌가?

곡식을 배려해서 종들을 막아선 주인이다. 그렇다면 추수꾼을 당
장 동원해서 가라지를 제거해야 하는 게 아닌가? 선인에게 피해를
줄 게 뻔한 악인을 당장 벌해야 하는 거 아닐까? 드라마 〈지옥〉은
죄를 짓고도 뉘우치지 않고 뻔뻔하게 살아가는 악인들을 즉결 처단
했다. 비유의 심판자는 왜 가라지를 제거하지 않고 놔두는 걸까?

선인을 괴롭히는 악인을 제거하지 않고 양자가 공존하게 하는 의
도는 무엇일까? 곡식의 안전을 위해 종들의 충정을 제지한 주인이
가라지를 즉각 제거하지 않았다는 건 곡식과 가라지의 공존이 곡식
에 치명적이지 않다는 걸 시사하는 대목이다. 가라지가 곡식의 생

장에 지장을 주어 방해가 된다면 당연히 제거했을 것이기 때문이다. 가라지의 존재가 곡식의 생사를 좌우할 만큼 위협적이지 않다는 비유의 메시지는 세상의 모든 악은 근절돼야만 한다는 주장과 관련해서 중요한 함의를 갖는다. 고대 도시 국가 스파르타와 그 아류 전체주의의 종말의 원인을 칼럼 〈무용지용無用之用 대향연: 쓸모 없는 존재(4)〉에서 언급했었다. 완벽한 법치와 교육, 강력한 군사력을 보유했던 스파르타의 조기 몰락이 극단적 유용지용有用之用 가치관에서 기인한다는 결론에 이를 수 있었다.

유용지용 가치관은 유용을 '선'으로, 무용을 '악'으로 간주하는 이분법적 사고에 근거한다. 스파르타와 전체주의 몰락의 원인인 극단적 유용지용 가치관은 무용은 쓸모없어 제거돼야 한다는 확증 편향성에 경도되어 있다. 독재자 및 그 집단의 이념과 가치관에 맞지 않는 상대를 악 또는 적으로 간주하여 타도의 대상으로 낙인찍는 폭력적 이분법은 가라지 비유의 바로 그 '종들'로 상징된다. 농사 전문이 아닌 종들이 곡식을 가라지로 잘못 구분할 수 있다는 게 주인의 우려가 아니었던가. 기준을 정해서 그 기준에 미달하거나 기준과 다른 것을 무용 내지는 악으로 규정하고 제거 대상으로 설정하는 이분법적 사고의 폭력성을 비유는 경계했다.

전체주의 이데올로기의 주장대로 무용은 정말 악이고 모두 제거되어야 하는가? 2022학년 대학수학능력 시험에서 오류 문항으로 최종 판정된 "생명과학Ⅱ"의 20번 문항은 '하디-바인베르크 원리'에 관한 문제다. 이과 꽝 필자가 문제를 본다고 풀 턱은 없다. 그러나 인체 유전에 있어서 열성 유전자는 결코 사라지지 않고 다음 세대에 유전된다는 하디-바인베르크 원리가 가라지를 제거하지 말라는 비유의 교훈과 맥을 같이한다는 점에 주목하고 싶다. 비유의 가라지는 무용, 악을 상징한다. 그런데 추수 전까지 가라지는 건재하다. 밭에 곡식과 가라지가 공존하는 비유의 정황, 세상에 선인과 악인이 공존한다는 비유 해설의 설정은 인체 내 우성 유전자와 열성 유전자가 공존한다는 과학적 사실과 연동하여 '종들'의 위험한 이분법을 고발하고 동시에 이 공존이 하늘의 뜻이고 자연의 원리임을 밝힌다.

공존의 유익

가라지 비유는 가라지 구분과 제거가 신의 권한임을 노정한다. 그래서 종들의 가라지 제거 시도가 제지됐다. 그리고 추수 때까지 가라지를 놔둔다는 건 가라지가 곡식에 치명적이지 않고 오히려 유익할 수 있다는 걸 함의한다. 농사에서 잡초는 작물의 생장에 방해가 된다는 이유로 제거 대상이다. 제초기는 물론 제초제까지 사용해서 잡초와 전쟁을 벌인다. 밭에 검은 비닐을 씌워 잡초의 침입과 생장을 원천 차단한다. 그 결과는 작물의 고속 생장과 대량 수확. 그러나 아는 사람은 안다. 유해 요소들이 모두 제거된 환경에서 자란 작물들은 병충해와 기후 변화에 취약하다. 비가 많이 오거나 해충의 습격을 받으면 맥없이 집단 폐사하기 일쑤다.

그런데 잡초와 함께 자란 텃밭의 작물들은 달랐다. 제초제와 농약을 쓰지 않고 비닐을 씌우지 않아 야생에 가까운 환경에서 자란 토마토와 가지는 크기는 작아도 맛이 진하고 깊었다. 대량 재배된 작물들과는 차별화된 풍미였다. 이유가 무엇일까? 잡초와 해충이 제거되고 질 좋은 비료까지 공급된 토양의 작물들은 크기와 수효 면에서는 우월했지만 '잡초밭' 작물의 맛을 따라가지 못했다. 무수한 잡초와 해충, 비바람에 노출된 작물들이 거친 환경에서 살아남기 위해 만들어내는 생존 물질들이 작물의 건강성을 향상시킨 결과 깊은 풍미를 갖게 된다는 게 전문가들의 설명이다. 거친 환경에서 건강한 작물이 생장한다는 자연의 섭리는 가라지 비유에서 밭 주인이 가라지를 제거하지 않은 이유를 주석한다. 온실 속 화초는 그래서 쉬이 지는가 보다.

가라지에 의해 오히려 곡식의 건강성이 증진된다는 자연의 섭리는 인간에게도 적용될까? 인체 면역의 약 70~80%를 담당하는 소장과 대장 내 세균 분포는 장 건강의 바로미터다. 장내 세균의 황금비율은 유익균 25%, 유해균 15%, 중간균 60%라는 게 학계의 정설인데 식중독을 유발하는 웰치Welch균 등의 유해균이 어느 정도는 있어야 건강한 장 환경이 조성된다고 한다. 적절한 유해균의 존재가 유익균을 활성화하여 장의 면역 체계를 향상시키는 원리다. 혈액 속에는 좋은 콜레스테롤HDL과 나쁜 콜레스테롤LDL이 혼재해 있는데 혈관 건강을 위해서는 전체 콜레스테롤에서 HDL 25~30%, LDL 65~70%의 비율을 유지하는 게 중요하다. 흥미로운 건 나쁜 콜레스테롤이 좋은 콜레스테롤보다 2배 이상 많다는 점이다. LDL이 지나치게 낮으면 뇌출혈 발생 위험이 증가할 뿐 아니라 세로토닌 호르몬 분비가 감소하여 우울증과 치매 위험이 증가한다는 최근 연구 보고를 보면 LDL은 혈관 건강에 기여한다는 결론이다.

선악 공존 아포리즘

가라지의 존재가 밭과 곡식의 건강성에 필요하다는 비유의 선악 공존 아포리즘은 자연과 인체 영역을 관통해 적용되고 있다. 유해균과 나쁜 콜레스테롤은 완전히 제거돼야 할 대상이 아니라 장과 혈관 건강의 보조원으로서 필수불가결의 존재였다. 백혈구를 비롯한 인체의 면역 체계는 적절한 대적이 있을 때 더욱 활성화된다. 적들과 맞서며 튼튼해진 면역 세포들은 인체 건강을 지키는 첨병으로 맹활약한다. 선악 공존 아포리즘의 관점에서 보면 장내 유해균은 유익균의 라이벌이고 나쁜 콜레스테롤은 좋은 콜레스테롤의 라이벌이다. 스포츠에서 라이벌은 때론 쓰라린 패배를 안겨주고 뼈아픈 좌절을 맛보게 하지만 나를 더 강하고 더 빠르게 하는 존재 역시 라이벌이 아닌가. 라이벌과의 경쟁을 통해 선수 개인과 팀의 실력이 향상된다는 건 스포츠 분석학Sport Analytics의 연구를 통해서도 입증된 바가 있다.

군이 학술적 자료들을 인용하지 않더라도 영국 프리미어리그 숙명의 라이벌 리버풀과 맨체스터 유나이티드의 더비 매치가 흥행은 물론이고 두 팀에게 리그 챔피언 타이틀을 안겨 준 걸 볼 때 라이벌은 원수가 아닌 '프레너미Frenemy'라고 해야 하지 않을까? 친구Friend

"Frenemy" 적이면서 친구?

와 원수enemy의 합성어인 이 신조어의 강조점이 전자인지 후자인지는 중요하지 않다. 친구와 원수를 분리하는 이분법적 사고를 넘어 융합을 지향하는 시대정신이 투영된 용어가 프레너미다. 친구가 원수 될 수 있고 원수가 친구 될 수 있다. 친구와 적은 늘 함께 있어 때때로 둘은 하나일 수 있음을 프로이트Sigmund Freud가 갈파한 바 있다. 그 사람 '때문에' 상처와 절망을 경험하게 되고 또 그 사람 '덕분에' 성장하고 발전하게 되는 '그 사람'은 친구이자 원수이고 원수이자 친구다. 상처를 준다고 남의 편으로 단정할 수 없고 유익을 준다고 내 편으로 확정할 수 없는 프레너미. 곡식에 가라지는 바로 그 프레너미가 아닐까?

세계 휴대폰과 IT 시장에서 서로 협력하면서 치열하게 경쟁하는 삼성과 애플의 경우와 같이 영원한 친구도 영원한 적도 없다는 실용주의 관점에서 프레너미를 이해할 수 있다. 하지만 제20대 대통령 선거가 끝난 대한민국 사회는 '상대방=적=악'이란 이분법 도식에 사로잡혀 있는 것 같아 안타깝다. 보수와 진보 진영 간 이데올로기 대결은 더욱 과열되어 점차 극단으로 치닫고 있다. 언론과 방송 매체뿐 아니라 SNS와 개인방송들이 연일 쏟아내는 과격한 언술들은 상대를 적 내지는 악마로 간주하고 제거의 대상으로 설정한다. 경쟁자를 악마화하는 사회는 전체주의의 비참한 말로를 따라갈 뿐임을 인류사가 증언하고 있는데도 말이다. 그래서 필자는 프레너미를 선악 공존 아포리즘의 수사로 활용할 것을 제안하고 싶다.

이천 년 전 가라지 비유가 경계한 종들의 위험한 충정은 21세기 대한민국 사회 곳곳에서 재현되고 있다. 우리 편이 아니면 적으로 몰아 타도의 대상으로 삼는다. 공정한 경쟁과 협력은 구호로만 남고 흑색선전과 음모론으로 상대편을 공격한다. 사이버 공간에서 집단 린치를 가해 기어이 절명에 이르게 한다. 프레너미와의 공존과 상생의 가치를 저버리고 내 편만 살겠다는 종들의 방종은 우리 사회를 피아 공멸의 아수라장으로 전락하게 한다. 저들의 무모한 충정을 제지할 가라지 비유의 선악 공존 아포리즘이 대한민국 사회에 절실한 이유다. 보수는 진보의, 진보는 보수의 프레너미일지언정 적이 아니다. 선악의 판단은 신께 맡기고 공존과 상생의 가치를 존중하는 프레너미 시대가 열리길 바란다.

웃픈 세상:
복음인가 부음인가

"내 눈에서 피눈물 나게 한

그ㅇ을 70번의 7번이라도 용서하란다.

이게 당신에겐 복음인가 부음인가?"

웃픈 세상

– 복음인가 부음인가

'웃프다'라는 말이 있다. 웃기는데 왠지 슬픈 상황이나 심정을 담은 신조어다. 'ㅋㅋ'와 'ㅠㅠ'를 합친 '큐큐'로 표현하기도 하는 이 말은 상반된 감정들이 병존하는 심리를 반영한 변형된 이의어異義語라고 할까? 자가용 없는 4인 가족이 외식을 하기로 했는데 식당까지 가는 교통수단을 놓고 부부가 치열한(?) 설전을 벌이다가 남편은 아들과 같이 지하철을, 아내는 딸과 함께 버스를 타고 각자 따로 가서 식당에서 만났다는 큐큐실화.

　큐큐현실도 있다. 제약회사는 완치약을 결코 만들 수 없고, 의료계는 전 국민의 무병화無病化를 결코 달성할 수 없다. 능력이 안 돼서가 아니라 그럴 생각이 없어서다. 자기들의 존속과 직결된 문제니 그럴 만도 하겠다지만 약과 병원에 몸을 맡긴 채 하루하루 고해의 삶을 이어가는 이 땅의 민초들에겐 웃픈 현실일 수밖에. 일명 "윤창호법"이 발의, 제정되는 과정에서 울며 겨자 먹은 이들이 있었다. 법을 제정하고 시행하고 적용하는 권력층(국회의원, 판검사, 경찰 등)이 그들이다. 특권으로 음주 운전 단속과 처벌을 모면했던 법꾸라지 시절을 떠나보내기가 싫었다는 후문.

　이들을 정의 실현의 보루라 믿고 하루하루 고생해 번 돈으로 저들의 봉급을 감당하는 이 나라의 인민들에겐 맥 빠지는 현실

이 아닐 수 없다. 범죄 근절을 강조하는 이들이 그 범죄로 사법 권력을 영위하고, 질병 박멸을 표방하는 이들이 그 질병으로 의료 권력을 누리고 있는 상황을, 우리가 발 딛고 사는 이 땅이 저들이 필요 없는 천국이 아닌 이상, 수긍할 수밖에 없지 않겠는가. 그래서 웃프다 이런 현실이.

웃픈 영생 솔루션

성서에도 큐큐상황이 있다. 예수에게 영생행行 선행을 알려달라

고 애걸하던 사두개파 부잣집 아들은 정작 예수로부터 재산 처분
이란 영생 보장 솔루션을 받아들곤 풀이 죽어 돌아갔다(마태복음
19:16~22). 그토록 찾던 영생 획득 비법을 받았으니 뛸 듯이 기뻐
해야 하건만 되레 슬픈 얼굴로(마가복음 10:22) 돌아가는 그의 뒷
모습이 웃프다. 그런데 이 장면에는 진짜 웃픈 사정이 숨어 있다.

예수의 재산 처분 요구는 재산을 처분해야 영생 간다는 의미가
아니다. 재물로 만사형통 인생을 살아온 청년의 영생 행로의 장애
물이 다름 아닌 재산이라는 뜻이다. 가문 대대로 누려온 부와 권력
이, 그리고 부모 공경은 물론 이웃을 자기 몸처럼 사랑한(마태복음
19:19~20) 자신감의 근거인 재물이 영생 길목을 차단하고 있다는
메시아의 통찰이 재산 처분 요구에 담겨있다.

만약 재산 처분 행위 자체가 영생을 보장한다면 처분할 재산이
없는 이들에게 천국은 언감생심이니 이런 불공정이 어디 있겠는가.
재물로 뭐든 할 수 있고 뭐든 가질 수 있다는 청년의 자기 의自己義

가 진짜 영생의 장애물이고 그 자기 의의 근거
가 재물이니 재산 처분 요구는 재물을 포기함
으로써 자기 의를 버리고 영생을 얻으라는 복
음이었던 것이다.

그런데 청년이 깊은 시름에 빠졌다는 건 예
수의 재산 처분 요구가 그에게 부음訃音, 곧 넌
죽었단 소리로 들렸단 말이 아닐까? 슬픈 얼굴
로 돌아가는 청년의 뒷모습을 바라보는 제자들
에게 선포된 일명 '낙바부천'(낙타가 바늘귀로

들어가는 것이 부자가 천국에 가는 것보다 쉽다, 24절)은 부자는
아예 천국을 포기하란 말인가? 어찌 된 일인가. 내세와 부활, 영생
을 인정하지 않는 가문의 오랜 전통을 무릅쓰고 영생의 길을 찾는
기특한(?) 청년에게 영생 복음을 들려주어야 할 메시아가 아닌가.
그날 청년과 제자들이 들은 건 복음인가 부음인가?

웃픈 복음

웃어야 할지 울어야 할지 모르는 상황은 더 있다. 마태복음의 산상
수훈(5~7장)은 메시아 예수 복음의 요체다. 인류 지성사의 최고봉
이란 평가에 누구도 이의를 달지 않는 '복음 중 복음'인 산상수훈
에는 그런데 복음, 즉 기쁜 소식으로 보기 힘든 언설들이 그득하다.
산상수훈의 서두에는 예수가 복 받은 자라고 선포한 8인, 소위 팔
복자八福者가 소개되는데 그중에 애통해 하는 사람이 있다. 비통하
고 슬퍼서 우는 사람이 복 받은 자란다. 당사자들이 들으면 어떤 반
응을 보일까? 불의의 사고로 가족을 잃은 슬픔과 충격으로 비통에
빠져 있는데 복 받은 사람이라고? 가장 믿었던 측근으로부터 배신
을 당해 하루하루 분루를 삼키고 있는데 복 받은 사람이라니… '웃
으면 복이 와요'라는 세간의 상식은 폐기 처분해야 하는가?

복음인지 부음인지 헷갈리는 언설들은 또 있다. 소위 6개 반제反
題라 칭하는 마태복음 5:21 이하에는 부음처럼 들리는 언설들이 연
이어 등장한다: '형제에게 화내면 심판받고 욕하면 지옥 불에 들어
간다'(5:22), '마음속 음욕은 진짜 간음과 같다'(28절), '눈과 손이
죄를 지으면 제거해버려라'(29~30절), '오른뺨 때린 자에게 왼뺨도

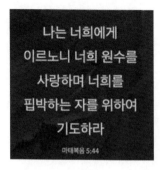

나는 너희에게 이르노니 너희 원수를 사랑하며 너희를 핍박하는 자를 위하여 기도하라

마태복음 5:44

대라'(39절), '원수를 사랑하라'(44절). 이 언명들은 부음, 즉 '너 죽었다'란 말이 아닌가. 이 정도면 마태복음이 아니라 '마태부음'이라고 해야 할 것 같다. 복음 중의 복음이라고 하는 마태복음의 산상수훈이 전하는 이 부음들을 정말 복음으로 믿고 주장할 수 있는지 복음 전도자들은 정직하게 고민해야 하지 않을까?

마음속 음욕이 실제 간음과 같다는 예수의 언설을 복음으로 믿고 복음으로 전할 수 있는지, 죽이고 싶도록 미운 원수를 위해 기도하고 사랑하라는 메시아의 준엄한 명령을 기쁜 소식이라고 외칠 수 있는지 스스로 물어야 하지 않을까? 제자를 부르는 예수의 소명 '나를 따르라'(마태복음 4:19; 9:9)는 과연 복음인가? 소명을 따르기 위해 어떤 제자는 생업을 버려야 했고 어떤 제자는 최고의 꿀직장을 떠나야 했으며 급기야 혈육과의 생이별은 물론이고 아버지 장례식 참석조차 거부당하고 만다(마태복음 4:20, 22, 8:21~22; 9:9). 부친의 부고장마저 무위로 만든 예수 따름 소명은 과연 복음이라 할 수 있을까?

예수를 믿고 숭상하는 한국 교회 1천만(?) 신도들은 이제 답해야 한다. 복음서에 기록된 예수의 소명이 자신들에게 복음인지 부음인지를 밝혀야 할 것이다. 그대들이 믿는 건 지상 축복과 내세의 영생인가 예수 따름 소명인가? 소명은 부음이고 '축복-영생'이 복음인가? 그대들에게 전자와 후자는 전혀 별개의 것인가? 자기 부인-십자가 짊-예수 동행의 '3단계 제자도弟子道'(마태복음 16:24)는 '축복-영생'과 무관한 '너 죽었다' 하는 부음일 뿐인가? 교회와 주의 종을 지켜야 한다는 투철한 사명감으로 서로를 향해 등을 돌리고 분파하여 반대파를 사단의 무리로 낙인찍고 정죄의 화살을 퍼붓는 자칭 충성된 그리스도인들은 산상수훈의 원수 사랑 언명을 정녕 복음으로 믿는지 답해야 할 것이다.

"주의 말씀은 내 발에 등이요 내 길에 빛이니이다"라는 시편 말씀(119:105)대로, 예수의 원수 사랑 언명 속에서 증오와 원망의 흑암을 밝히는 진리의 광휘를 그들이 보았다면 내 뺨 때린 원수에게 다른 뺨을 돌려대지 않았을까? 형제에게 화내면 심판받고 욕하면 지옥 형벌을 피할 수 없다는 언명이 미움과 정죄로 멸망하는 세상을 구원하는 감춰진 복음이란 걸 알았다면 차라리 정죄의 화살을 맞을지언정 결코 상대방에게 화살을 쏠 수는 없었을 것이다.

예수께서 제자 마태를 비롯한 많은 세리 및 죄인들과 식사하는 장면(마가복음 2:13~17)은 '내가 의인을 부르러 온 것이 아니라 죄인을 부르러 왔다'(17절)라는 메시아 복음의 요체를 함축하는 일화로 유명하다. 예수는 세리 및 죄인들과 식사하는 자신의 행위를 비난하는 바리새인들에게 일명 '의사-환자' 아포리즘(의사는 건강한 사람이 아닌 환자에게 필요하다)을 통해 '의인'(=건강한 자, 바리새인들)과 '죄인'(=환자, 세리 및 죄인들)을 구분하고 의사를 필요로 하지 않는 이들, 곧 의인들에겐 복음이 복음으로 들리지 않음을 언명한 바 있다.

천국 복음의 신호탄 '회개하라'는 그대에게 '넌 살았다'로 들리는가 아니면 '넌 죽었다'로 들리는가? 사람들에게 무시당하기 십상인 '작은 자'의 수호천사가 하늘에 계신 분을 항상 알현한다는 예수의 언명(마태복음 18:10)은 그대에게 정녕 기쁜 소식인가? 내 눈에서 피눈물 나게 한 그를 70번의 7번이라도 용서하란다(마태복음 18:22). 이게 당신에겐 복음인가 부음인가?

07.

목사주의牧師主義 주의:
성직 우상화 경계

"지난 오백여 년간 교회 안에 깊숙이 똬리를 튼

비성서적 도그마가 생산한 목사주의의

썩은 열매들에 의해 교회의 영적 정원은

심대하게 훼손되고 오염됐다."

목사주의牧師主義 주의

- 성직 우상화 경계

> "그가 어떤 사람은 사도로, 어떤 사람은 선지자로, 어떤 사람은
> 복음 전하는 자로, 어떤 사람은 목사와 교사로 삼으셨으니"
>
> -에베소서 4장 11절-

수년 전《성서 휴머니즘》(한국학술정보, 2017년)을 출간하면서 필
자는 개신교와의 절교를 선언했다. 목사가 개신교와 절교하다니…
'개신교와의 절교'는 교회와의 절교가 아니라 교회를 오염시킨 비
성서적 교리, 전통, 관습, 제도(이하 '비성서적 도그마'라 함)와의
절교를 의미한다. 절교의 이유는 비성서적 도그마의 회복 불능이며
절교의 목적은 비성서적 도그마를 제거하고 성서적 교회를 새로이
정립하기 위해서다. 컴퓨터가 바이러스에 감염되면 컴퓨터 운영체
제를 비롯한 기존 소프트웨어들을 다 제거하고 새로 설치하는 것과
같은 이치다. 오염된 건 소프트웨어이지 하드웨어가 아닌 것처럼

교회의 운영, 관리, 통제의 원리인 도그마가 문제라면 그 도그마를 제거하는 게 올바른 방책이다.

비성서적 도그마의 폐해

비성서적 도그마의 실상과 그것의 악영향은 책에서 상세히 언급됐다. 본 시리즈 칼럼에서는 교회를 오염시킨 도그마(목사주의, 성경주의, 복음주의, 예배주의, 설교주의, 성전주의, 은혜주의)의 비성서적 실상을 실제 사례들을 통해 확인하고 성서적 대안을 제시하고자 한다. 먼저 '목사주의牧師主義'의 폐해를 알아보자.

〔사례1〕사망한 목사의 설교 동영상 예배: 서울 ㅅ 교회가 2013년 3월 사망한(교회 측은 병사로 발표했지만 수사 당국에 의해 자살로 밝혀짐) 담임 ㄱ 목사의 설교 동영상을 틀어놓고 예배한다는 사실을 알고 있었던 필자는 이 글을 쓰기 위해 한 번 더 확인해 봤다. 사망 후 7년가량 지났지만 교회는 여전히 동영상 설교 예배를 진행하고 있었다. "담임 목사가 사망했지만 교인이 오히려 더 늘었다", "설교자는 죽었어도 설교는 하나님의 말씀이니 동영상 설교 예배는 문제 될 게 없다", "하나님이 ㄱ 목사를 빨리 데려가셔서 그가 우상 되는 걸 막으셨다", "한국뿐 아니라 미국의 여러 지역에서도 ㄱ 목사의 설교 동영상으로 예배를 드리고 있다"라는 교인들의 반응은 개신교 '목사주의'의 폐해를 여실히 보여 준다.

〔사례2〕성추행범 목사의 재기: 재적 교인이 2만여 명에 달하는 ㅅ 교회 담임 ㅈ 목사는 2010년, 여 신도들에 대한 상습 성추행 사실이 밝혀져 담임목사직에서 물러나고 교단 재판까지 받았다. 그런

데 그를 옹호하는 교인들의 지지 속에 2012년 교회를 개척해서 2020년 현재 시무하고 있다. 성추행 피해자에 대한 1억 원 배상 판결이 대법원에서 내려졌지만 교단이 목사직을 파면하지 않았기 때문에 성추행 목사의 교회 개척과 목회가 가능했다고 한다. 목사의 성추행 사실을 알고서도 이를 묵인하고 나아가 옹호하는 현상, 어떻게 해석해야 할까?

미국에서 목회하던 [사례1]의 ㄱ 목사가 2012년 4월경 서울에서 교회를 개척하고 약 5~6개월이 경과한 즈음 필자는 우연히 그에 관한 이야기를 들을 수 있었다. 친구가 교목으로 있는 모 대학 구내식당에서 친구를 비롯해 몇몇 교수님들과 식사를 하던 중 한 분이 ㄱ 목사 이야기를 꺼냈다. 그의 설교 동영상을 보고 있는데 교리에 얽매인 기존 설교들과 달리 해박한 성경 지식을 토대로 한 확신에 찬 설교라면서 기성 교인 수백 명이 서울 및 서울 근교로부터 매주 모인다는 전언이었다. 특히 지식층 크리스천들이 그의 설교에 매료되고 있다는 말을 듣고는 성서학도로서의 호기심과 사명감(?)이 발동해 인터넷에 올려진 동영상을 봤었다.

한국 교회에 유력한 교주 한 명이 추가됐다는 그때의 우려는 불과 몇 개월 뒤 현실이 되고 말았다. 우울증으로 인한 자살을 병사라고 강변한 교회는 후임 목사를 청빙하거나 임시 설교자를 세우지 않고 사망한 목사의 설교 동영상으로 예배를 진행하고 있었다. 이는 교회의 관습이나 상식에 맞지 않는 엽기적인 행태로서 교주를 신격화하는 사이비 종교 집단에서나 볼 수 있는 현상이다. 도대체 왜 이런 일이 기성 교회에서 벌어지는 것일까? 매주 모여 죽은 목사의 설교를 들으며 예배하는 그 수백 명이 대부분 식자층 신자들이라니 괴이하기까지 하다. 소위 '목사 중심', '설교 중심' 신앙 패턴을 넘어 목사와 설교의 절대화, 곧 '목사주의' 현상이다.

목사 우상화

교회의 목사 중심, 설교 중심 전통은 성서의 대중화를 모토로 발흥한 개신교의 태생적 정체성이다. 성서를 전문적으로 공부하고 해석하고 가르치는 설교 직무와 그 직무를 담당하는 목사가 교회의 중심을 차지하는 건 어쩌면 개신교회에서 필연적인 현상이다. 그래서일까? 오백 년 개신교 역사 속에서 설교는 '말씀'으로 대우(?)받게 됐고 급기야 진짜 '말씀'인 성경의 대체물로 둔갑했다. 강단에서 선포되는 설교는 그렇게 '말씀'이 됐고 '말씀'을 선포하는 목사에겐 그에 준하는 권위가 주어졌다. 교회 안에서 목사와 설교는 순복의 대상이며 이들에 대한 이의 제기는 신을 향한 도전으로 간주되기에 이르렀다.

신의 피조물인 목사와 목사의 피조물인 설교에 신적 권위를 부여한 비성서적 전통과 관습의 폐해가 위 사례들이다. 개신교의 목사라는 직함은 성서적 근거가 모호한데도 무소불위의 권한을 가졌다. 사도 바울의 교회론(로마서 12:3~13; 고린도전서 12:4~31; 에베소서 2:20~22; 4:11~16)에 따르면 목사는 교회 안의 여러 직분 중 하나이고 설교, 즉 선포하고 가르치는 일은 교회 지체들을 돕는 여러 은사 중 하나다(로마서 12:4~8; 고린도전서 12:28; 에베소서 4:10~11). 신약 성서에서 개신교의 목사ₚₐₛₜₒᵣ와 가장 유사한 직함이 '목자'[포이멘ποιμήν, 엡 4:11]인데 흥미롭게도 바울이 열거한 교회 내 직분 목록엔 목자가 없다(로마서 12:6~8; 고린도전서 12:28~30).

또한 개신교 목사가 교회에서 선포, 가르침, 치리를 총괄하는 것과 달리 신약 성서의 교회론에선 이 세 가지 직분이 명확하게 구분돼 있어 한 사람에게 편중되지 않는다(고린도전서 12:12~20). 예수 그리스도를 머리로 한 지체들, 그리고 그들의 은사와 직분엔 경중과 귀천이 있을 수 없다는 게 바울 교회론의 요체다(고린도전서 12:21~25). 여 신도들에 대한 담임목사의 상습적 성추행이 사실로 밝혀졌는데도 단죄는커녕 범죄자를 비호하고 교회 강단에 다시 세우는 것(사례2), 자살한 목사의 설교 동영상으로 예배하는 것(사례1) 등은 '목사 우상화'의 전형으로서 성서의 교회론에 정면으로 배치될 뿐 아니라 성결한 십자가 복음에 대한 모독이 아닐 수 없다.

대한민국 사회를 국론 분열과 진영 간 내전 상태로 몰고 갔던 조국 법무부 장관 후보자가 장관 임명장을 받던 2019년 9월 9일, 한 인터넷 매체에 진보-개혁 기독교 언론인이자 저술가, 강연자인

양ㅇㅇ 목사의 불륜 기사와 이에 대한 양 목사의 사죄의 글이 올라왔다. 그와 일면식은 없지만 그의 영향력과 유명세를 직간접으로 접해왔던 필자로선 충격과 함께  실망을 금할 수 없었다. 위 〔사례2〕의 ㅈ 목사를 비롯해 제왕적 특권을 누리는 목사들의 민낯을 파헤치고 성서적 교회로의 회귀를 강력하게 주창해 온 당사자가 불륜의 주인공이 되다니. 필자의 아찔한 정신줄을 잡아준 건 해당 기사에 달린 어느 댓글이었다.

'우리는 한 가지를 놓쳤다. 그의 잘못뿐 아니라 우리의 잘못도 크다는 사실을. 그가 수년간 성범죄를 지속할 수 있었던 건 우리가 그를 맹목적으로 따랐기 때문이다. 그가 수년간 죄책감을 느끼면서도 다른 여인을 탐닉하며 동시에 정의를 외칠 수 있었던 것은 그를 맹목적으로 따르는 동역자들이 있었기에 가능했다. 그의 범죄는 우리 시대의 부산물이다.'

'시대의 부산물', 그렇다. 콩이 심겼으니 콩이 나는 법. 지난 오백여 년간 교회 안에 깊숙이 똬리를 튼 비성서적 도그마가 생산한 목사주의의 썩은 열매들에 의해 교회의 영적 정원은 심대하게 훼손되고 오염됐다. 목사를 맹종하고 목사에게 절대적 권위를 부여하는 목사 우상화는 성서적 교회론은 물론이고 십계명에도 위배된다. 목사주의를 주의하자.

08.

성경주의聖經主義 주의:
성서의 자의적 해석 경계

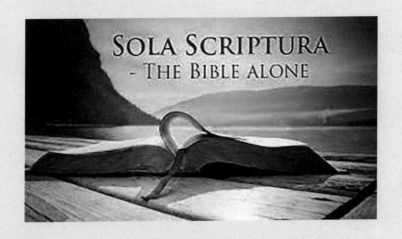

"문맥context을 벗어난 해석을 절대시하고

이를 신의 뜻으로 확정해서 믿는 경우

그 해석은 곧 성경 말씀과 동일시된다."

성경주의聖經主義 주의
– 성서의 자의적 해석 경계

"뱀들아 독사의 새끼들아"

-마태복음 23장 33절-

아내가 교회에서 억울한 일을 당한 적이 있었다. 2년여 동참한 작은 전원 교회의 담임목사 부인이 아내의 교회 섬김을 월권행위로 오해한 나머지 갈등이 촉발됐다. 예배 후의 식사 및 다과 준비에서의 과잉 행동이 '주인 행세'로 비친 것이었다. 작은 공동체를 위한 순수한 섬김이 곡해돼 질책까지 받게 되자 아내는 크게 상심하여 급기야 앓아눕기까지 했다. 좀 더 풍성한 음식과 간식거릴 제공하려 한 진심이 왜곡되어 건방지다는 힐난을 들었으니 그럴 만도 했다. 공동체의 평화를 위해 영문도 모르는 사과를 해야 했던 아내는 이후로도 한동안 억울한 심정을 토로하며 힘들어했다.

말씀의 번지수

'예수님이라면 이런 상황에서 어떻게 하실까?'. 눈치 없는 남편이 위로랍시고 건넨 화두를 아내가 즉각 맞받아친다: "뱀들아 독사의 새끼들아 하셨겠지." 분루를 삼키는 아내 앞에서 원수를 사랑하라는 암시를 띄우는 매정한 남편에게 한 방 먹이려 한 반격이었으나 안타깝게도 번지수가 틀렸다. 무슨 번지수냐고? 말씀의 번지수다. 마태복음 23장 33절의 "뱀들아 독사의 새끼들아"라는 예수의 언설은 당시 종교 엘리트들에 대한 꾸짖음이다. 겉으론 율법을 준행하는 듯 보이지만 실제론 율법의 가치와 진의를 훼손하는 유대교 지도자들의 위선에 대한 질책인 것이다(마태복음 3:7; 12:34 참조).

그런데 아내와 목사 부인의 경우는 이와 다르다. 아내는 목사 부인에게서 상처를 받았고 그로 인해 원망이 내재한 상태에서 이 말씀을 인용했다. 날 괴롭힌 적인敵人을 향한 앙갚음 성격의 인용인 것이다. 그러나 예수 언설의 본래 용도는 앙갚음이 아니라 책망이다. "뱀들아 독사의 새끼들아"는 가식과 위선으로 가득 찬 종교 지도자들을 향한 메시아의 질책이지 내게 상처 준 원수를 향한 보복성 일갈이 아니다. '원수대응 매뉴얼'은 따로 있다.

> **"네 원수를 사랑하며 너희를 핍박하는 자를 위하여 기도하라"**(마태복음 5:44)

원수를 사랑하고 원수를 위해 기도하란 분이 그 원수를 향해 '뱀들아 독사의 새끼들아'라고 했을까? 진심을 곡해하는 목사 부인의 자발 없는 언행을 꾸짖어 주길 바라는 심정은 알겠지만 그 언설은 그 용도가 아니란 걸 간과할 수는 없는 노릇. 요리의 재료나 제품의 소재도 그 용도에 맞게 사용돼야 하듯 성경 말씀은 더더욱 그 쓰임새에 유의해야 한다. 가령 고린도전서 4장 20절 "하나님의 나라는 말에 있지 아니하고 오직 능력에 있음이라"의 "능력"을 사람들은 흔히 초자연적 이적(신유, 축귀)이나 은사(방언 통변 예언 등)로 해석해서 이적과 은사 체험을 하나님 나라 도래의 표징으로 단정한다.

For the kingdom of God does not exist in words but in power.

1 Corinthians
4:20

그러나 이 해석엔 중대한 오류가 있다. 고린도전서 4장 20절의 "능력"은 이적이나 은사가 아니다. 본문의 전후 문맥과 고린도전서 전체의 맥락을 볼 때 본문의 "능력"은 세상의 지혜, 세상의 강한 것, 세상의 있는 것과 반대되는 하나님의 지혜, 하나님의 약한 것을 상징하는 "십자가의 도"(고린도전서 1:18), '예수가 십자가에 못 박힘'(고린도전서 1:22; 2:2)과 관련되고 있다. 세상의 미련한 것들을 택하여 지혜 있는 자들을 부끄럽게 하고 세상의 약한 것들을 택하여 강한 것들을 부끄럽게 하며 세상의 천한 것들과 멸시받는 것들과 없는 것들을 택하여 있는 것들을 폐하는 십자가의 도가 하나님의 능력이라는 게 고린도전서를 관류하는 메시지다(고린도전서 1:24~31 참조).

말씀 용법

'능력' 관련 말씀의 오용 사례는 더 있다. 빌립보서 4장 13절 "내게 능력 주시는 자 안에서 내가 모든 것을 할 수 있느니라"의 "능력" 역시 고린도전서 본문처럼 초자연적 이적과 은사로 해석하는 경우를 종종 본다. 하지만 본문 앞 사도 바울의 고백['가난할 때나 부유할 때나 모욕을 당할 때나 풍요로울 때나, 어떤 상황에 있든지 자족하는 방법을 터득했다'(11~12절)]은 13절의 "능력"이 가난과 부유, 비천과 풍요라는 상반된 상황에 적절하게 대처할 수 있는 영적 능력을 가리킨다는 점을 명정한다.

이러한 성경 말씀 오용은 심각한 문제를 야기할 수 있다. 신자들에게 나타나는 이적과 은사 체험을 고린도전서와 빌립보서 본문을 인용해서 천국 도래의 표징으로 만사형통의 비기秘技로 해석하는 건 이적과 은사 체험이 없는 신자를 소외시킬 우려가 있다. 약한 자를 통해 강한 자가 수치를 당하게 하고 없는 것들을 통해 있는 것들이 패퇴敗頹하게 하는 십자가의 능력에 천착하는 신앙에 이적 체험이 없으면 천국 통치와 무관한 것인가? 빈부에 일희일비하는 세속적 가치관에 휘둘리지 않으며 성공에 자만하지 않고 실패에 포기하지 않는 성실 신앙은 은사가 나타나지 않으면 능력을 받지 못한 것이란 말인가? 이적이나 은사가 나타나지 않는 신자는 하나님 나라가 도래하지 않은 또는 구원의 경험이 없는 사람으로 치부될 위험이 있다.

성경을 신앙과 삶의 기준으로 삼는 건 개신교의 특장점으로서 이는 중세 종교개혁의 핵심 모토다. 하지만 이 특장점이 개개인의 자

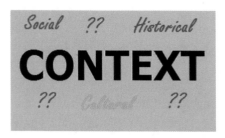

유로운 성경 해석 전통과 결합할 때 문제가 될 수 있다. 앞의 사례들처럼 성경 본문의 맥락을 무시한 아전인수격 해석과 적용이 얼마든지 가능해지기 때문이다. 문맥을 벗어난 해석을 절대시하고 이를 신의 뜻으로 확정해서 믿는 경우 그 해석은 곧 성경 말씀과 동일시된다. 이렇게 본래의 문맥을 이탈하고 신어神語와 동일시된 인간의 해석은, 필자의 아내가 그랬듯, 자신을 보호하고 타인을 공격하는 데 효과적인 병기로 오용된다. 그리고 종종 남을 판단하는 잣대로 남용되기도 한다.

> "어찌하여 형제의 눈 속에 있는 티는 보고 네 눈 속에 있는 들보는 깨닫지 못하느냐…외식하는 자여 먼저 네 눈 속에서 들보를 빼어라 그 후에야 밝히 보고 형제의 눈 속에서 티를 빼리라"(마태복음 7:3~5)

남의 허물보다 내 허물을 먼저 살피라는 예수의 권고는 성경 말씀의 쓰임새가 무엇인지를 암시한다. 성경의 교훈은 자신을 보는 거울의 용도로 주어졌다. "아내들아 남편에게 복종하라 이는 주 안에서 마땅하니라"(골로새서 3:18)라는 권고는 아내들에게 자신을 살피라는 말이지 남편들에게 아내를 장악하는 용도로 사용하라고 주어지지 않았다. "남편들아 아내를 사랑하며 괴롭게 하지 말라"(19절)는 남편들이 자신을 돌아보라는 의미이지 아내들이 남편을 겁박하는 용도의 말이 아니다. 부부 각자가 성경 말씀으로 자신을 성찰하면 내면의 성숙과 관계의 진전을 기대할 수 있지만 도리어 성경 말씀으로 상대를 파헤치고 재단하려 한다면 부부 사이는 어떻게 될까? 말씀의 서치라이트로 상대를 속속들이 들여다보고 들춰낸다면 부부 사이는 더욱 멀어지고 성경은 이들에게 회피의 대상이 되지 않을까?

소금은 음식에 따라 굵은 소금, 가는 소금의 용도가 다르고, 고춧가루 역시 음식의 종류에 따라 굵기와 산지가 다른 걸 사용한다. 신·구약 성경 말씀들은 다양한 역사적 사회적 문화적 배경 속에서, 그리고 개개인들이 처한 각기 다른 상황과 맥락에서 설파됐다. 이러한 성경의 '맞춤형 용법'을 무시하고 배경과 맥락에서 이탈한 자기 해석을 신의 뜻으로 가장하여 이를 도그마화하는 경향을 '성경주의聖經主義'라고 한다면 이 성경주의의 끝판왕이 사이비 교주들이다.

양손에 성경과 검을 들고 원주민들의 신앙고백을 받아낸 중세 기독교 제국주의는 순백의 대륙에 핏빛 암영을 드리웠다. 그 핏빛은 예수 그리스도의 대속의 핏빛이 아니었다. 말씀의 용법을 이탈한 '성경주의 괴물'에게 희생당한 이들의 핏빛이었다. 인류 구원의 로고스로 가득 찬 성경, 그 로고스의 용도를 무시하고 맥락을 이탈한, 성경 빠진 성경주의를 주의하자!

09. 복음주의福音主義 주의:
복음의 교조화 경계

"평생 복음을 전했는데 누구는 참회록을
쓰고 누구는 정벌록征伐錄을 쓰다니.
같은 복음이라면 왜 복음주의자들의
전기가 이렇게 다를까?"

복음주의福音主義 주의
- 복음의 교조화 경계

"그런즉 선 줄로 생각하는 자는 넘어질까 조심하라"

-고린도전서 10:12-

한국 복음주의evangelism 개신교를 대표하는 대형 교회의 설립자이
자 '제자 훈련'의 선구자로서 한국 교회 부흥기를 이끈 고 옥한흠
목사. 그의 12주기를 맞아 필자는 목회자들이 모인 어느 집회에서
생전에 그가 했던 고백을 떠올렸다. 은퇴 후의 근황과 계획을 언급
하면서 그는 말했다: "전 요즘 두렵습니다. 왜냐고요? 목회를, 제자
훈련을 잘못한 거 같아서요." 동영상 속 그의 표정은 진지했고 목
소리는 떨렸다. 엄살이나 겸손이 아니었다. "제가 죽어서 하나님
앞에 섰을 때 책망을 받을 것 같아서…"라는 '말잇못' 대목에선 비
장함이 느껴졌다. '예수를 닮아 살자'라는 필생의 소신대로 목회하

고 예수 제자 양성에 헌신한 그가 지난날을 회상하며 토설한 두려움의 본질은 무엇일까?

두 복음주의자의 참회록

흡사 자기 학대처럼 들리는 옥 목사의 언사는 이후로도 사석과 공석에서 반복됐다. 1907년의 평양대부흥 사건을 기념해 열린 '2007 한국 교회 부흥 100주년 기념 대성회'에서 설교단에 선 그는 "주여 이놈이 죄인입니다."라며 흐느꼈다. 말과 행동이 일치하지 않는 교회 지도자들의 표리부동을 참회하는 장면은 유기遺棄 심판을 두려워했던 사도 바울의 고백을 떠올리게 했다.

> **"내가 내 몸을 쳐 복종하게 함은 내가 남에게 전파한 후에 자기가 도리어 버림이 될까 두려워함이로다"**(고린도전서 9:27)

십자가만 알고(고린도전서 2:2) 십자가만 자랑하는(갈라디아서 6:14) 복음의 정수를 설파한 사도. 복음에 장애가 될 것을 우려해 독신도, 권리 포기도 마다하지 않은 전도자. 겸손, 헌신, 사랑, 자비량선교로 대변되는 사도의 '순수 생애'를 우리가 알건만 그는 왜 버림받음

고뇌하는 사도 바울

을 두려워했을까? 복음을 위해 구별됐고(로마서 1:1) 복음 안에서 하나님을 섬기는(9절) 소명을 위해 생명을 바친 1세기 복음주의자 사도 바울의 자학성 참회가 그날 한국 교회를 살려달라는 옥 목사

의 울부짖음에서 들려왔다. 평생을 강단에서 십자가 복음을 외치며 예수 닮기 사자후를 토한 20세기 복음주의자는 지병으로 숨을 거두는 순간까지도 그렇게 사도의 참회를 재연했다.

복음이 무엇인가? '기쁜 소식'이 아닌가. 그런데 기쁜 소식을 전하기 위해 전 생애를 바친 두 복음주의자는 남은 구원하고 자신은 버림받지 않을까 노심초사했다니, 복음의 결말이 두려움과 노심초사란 말인가? 이것이 복음 전도의 결실이라면 기쁜 소식이라고 할 수 없지 않은가. 도대체 복음이 무엇이길래 복음을 위해 살다 간 신앙의 거성들은 이토록 자학에 가까운 참회록을 써 내려갔던 것일까?

어느 복음주의자의 정벌록

사도 바울과 옥한흠 목사처럼 복음을 전하고 복음을 위해 사는 사람을 복음주의자라 한다면 여기 또 한 명의 복음주의자가 있다. 서울의 대형 교회인 Y 교회 담임 Y 목사는 30년이 넘는 목회 사역 내내 복음을 위해 살고 복음을 위해 죽는다는 일념으로 살아온 인물이다. 출석 교인 수만 명의 초대형교회를 거느리면서도 아직 총회장 됐다는 소식이 들리지 않는 걸 보면 복음 전파 외엔 한눈팔지 않는 복음주의자가 틀림없나 보다. 그런데 필자에겐 Y 목사와 자학성 참회록의 두 주인공이 닮은 듯 다르게 비친다. Y 목사와 관련된 한 사건에 대한 기억 때문이다.

20여 년 전 어느 날, 경기도 남양주시 퇴계원역 일대 교통이 마비됐다는 신문 기사가 눈에 들어왔다. 시내에 위치한 B 교회(C 목사 담임)를 40여 대의 대형버스들이 둘러싼 탓에 교통 체증이 발생하여 몇 시간 동안 도로가 마비되다시피 했다는 보도였다. 버스에 탄 2천여 명의 탑승객은 Y 목사가 담임하는 Y 교회 신도들이었다. C 목사는 교계에 알려진 소위 '이단 감별사'로서 Y 목사 관련 이단 의혹 제기를 주도했던 인물이다. Y 교회 신도들이 자기 교회 담임 목사에 대한 이단 시비에 항의하기 위해 C 목사를 찾아가 면담을 요청했으나 만나지 못했다는 후문. 2천여 명 신도들이 대형버스를 대절해서 교인 100여 명의 작은 교회를 에워싼 형국은 마치 조폭 세계의 힘겨루기를 보는 것 같았다. 그들의 방문이 항의를 넘어 협박으로 읽히는 이유다.

내 교회를 지키기 위해 세를 규합해서 다른 교회를 찾아가 위력을 행사한다? 필시 그들은 예수 이름으로 기도한 후 복음을 위해 성전聖戰을 불사한단 각오로 버스에 올랐을 게 다. 버스 안에선 "주의 진리 위해 십자가 군기 하늘 높이 쳐들고… 나가세 나가세 주 예수만을 위하여 목숨까지도 바치고 싸움터로 나가세"를 목청껏 부르며 결전을 다짐했을 게 틀림없다. 이쯤 되면 이들 이천의 군사들은 충성스러운 복음의 용사들이 아닌가. 그리고 이들을 양성한 Y 목사는 진정한 복음주의자가 아닌가. 그런데 스승을 지키기 위해 제자가 뽑아 든 칼을 거두게 한 예수의 명령(마태복음 26:52)이 Y 교회 복음주의 전사들에게 어떻게 들릴지 궁금하다.

자학성 참회록에 천착한 두 복음주의자, 그리고 복음 수호를 위해 물리력을 동원한 그 복음주의자, 양측이 너무 다르지 않은가. 이들이 복음을 위해 살고 죽는 복음주의자가 맞다면 같은 복음을 믿는다는 게 이상할 정도다. 양측 모두 복음을 확신하고 복음에 충성하지만 전자의 확신과 충성은 자기반성으로 이어진 반면, 후자의 그것은 세 규합과 위력 행사로 귀결됐다. 왜 그럴까? 평생 복음을 전했는데 누구는 참회록을 쓰고 누구는 정벌록征伐錄을 쓰다니. 같은 복음이라면 왜 복음주의자들의 전기가 이렇게 다를까?

고린도전서 9장 27절의 자학성 참회는 바울이 고린도 교회의 영적 지형을 진단하는 대목에 등장한다. 고린도 교회는 바울의 선교 사역에 있어 중심이었던 교회다. 바울은 2차 선교 여정 중 동역자 아굴라 부부와 함께 고린도 교회를 일궜다. 그의 첫 번째 서신인 데살로니가전서가 이 시기 고린도 교회에서 작성됐으며 바울신학의 최고봉인 로마서가 기록된 곳도 고린도 교회다. 장문의 편지를 두 차례(고린도전서와 후서) 보낼 정도로 바울이 애착을 가졌던 고린도 교회는 편지의 분량만큼이나 바울에게 많은 숙제를 안겼던 교회다. 특히 교회 안의 분파와 이로 인한 갈등은 바울로 하여금 심각한 고뇌에 빠지게 했다.

성령의 각양 은사들을 경험한 교회가 파벌로 나뉘어 분쟁이 발생하고 분파 간 세 대결이 급기야 헤게모니 다툼 양상으로 번졌다(고린도전서 1:10~12; 3:3~4; 12:21~25 참조). 이에 바울은 두려움과 떨림으로 임했던 고린도 교회 개척 시기를 회상하면서 '십자가의 도' 즉, 자신이 전한 복음의 요체를 교회에 상기시킨다. 약자를 일으켜 강자를 무력화하는 게 하나님의 능력이다(1:26~28). 핍박하는 자를 축복하고 헐뜯는 자를 선대善待하는 게 복음을 맡은 종에게 요구되는 충성이며 이 충성을 보인 자신의 모범을 따를 것을 역설하면서 바울은 고린도 교회의 교만을 엄히 꾸짖는다(4:1~16).

약자를 위해 신앙적 자유를 포기하고(8장) 복음을 위해 당연한 권리도 내려놓는 게(9:1~15) 복음에 참여하기 위한(9:23) "나의 일"(9:1)이라는 원조 복음주의자 바울의 '비움론論'은 복음을 전하고도 복음에 참여하지 못할 현대 복음주의자들에 대한 경계로 들린다(10:5~11).

"선 줄로 생각하는 자는 넘어질까 조심하라."

신약 성서에 있는 바울의 여러 서신 중에서 수신자를 향한 눈물의 호소가 딱 한 번 등장하는데 바로 고린도 교회에 보낸 두 번째 편지에서다(고린도후서 2:4). 1세기 원조 복음주의자로 하여금 애통의 눈물을 흘리게 한 교회 안의 복음주의자들. 선 줄 알면서도 넘어짐을 조심하지 않는 그들을 조심하자!

10.

예배주의禮拜主義 주의:
예전禮典의 고착화 경계

"개신교 예배 세속화의 근본적인 이유는

역설적이게도 예배의 '목표화'다···

예배를 너무 잘하려 한 나머지

예배의 본질이 훼손되고 말았다."

예배주의禮拜主義 주의

– 예전禮典의 고착화 경계

> "그러므로 예물을 제단에 드리다가 거기서 네 형제에게 원망 들을
> 만한 일이 있는 줄 생각나거든 예물을 제단 앞에 두고 먼저 가서 형
> 제와 화목하고 그 후에 와서 예물을 드리라"
>
> –마태복음 5:23~24–

'비대면 예배를 하다 보니 가족 관계가 더 돈독해지는 것 같더군요.'

'저만의 골방 예배를 통해 주님과 더 깊은 교제를 가질 수 있었어요.'

코로나 사태로 교회의 비대면 예배가 시작될 때만 하더라도 우려가
컸다. 기독교 예배는 공동체 안에서, 공동체를 통해 이뤄져야 한다
는 종교적 신념을 앞세운 교계의 반발은 그러나 정부의 행정명령과
여론의 거센 질타에 떠밀려 묻히고 말았다. 결국 대면 예배는 중지
되고 신도들은 가정과 개인의 처소에서 예배를 가졌다. 그리고 1년
가까이 지난 2021년 여름, 공예배에 대한 아쉬움 속에서도 비대면

예배의 가치와 효용성을 인정하는 목소리들이 적지 않다. 신은 어디에나 계시고 신자 두셋이 모인 곳에 함께한다는 신앙의 보편성과 만인 제사장의 종교개혁 정신에 따라 예배는 공간과 장소에 제약받지 않아야 한다는 주장이 과거 어느 때보다 힘을 얻고 있는, 코로나 팬데믹 시대 한국 교회의 영적 지형이다.

팬데믹 시대 비대면 예배

한국 개신교 130여 년 선교 역사는 공예배의 역사라 해도 틀리지 않는다. 선교 초기부터 예배 회합을 통한 신앙 고취와 결속을 강조한 전통에 힘입어 일제강점기, 6.25 동란, 산업화를 거치며 개신교회는 빠르게 성장했다. 교회의 급속한 성장은 그러나 세속화의 늪을 피해 가지 못했다. 공교회의 종교 행위 가운데 특히 예배의 세속화는 신자들의 탈脫 교회 러시를 촉발했고 급기야 신앙은 있으나 교회를 출석하지 않는 '가나안 신자'(일명 '교회 안 나가 신자') 150만 시대를 열었다. 코로나 이전에 이미 개신교 전체 신도의 약 20%에 해당하는 사람들이 제도권 교회 밖 각자의 자리에서 그들의 예배를 진행하고 있었다. '목사의 설교와 성찬이 없는 회합은 예배가 아니다'라는 비판도, '홀로 신앙은 위험에 처할 수 있다'라는 우려도 코로나 형국에선 별무신통.

현대사의 신기원이라 불리는 코로나 팬데믹은 이렇게 세속 사회는 물론이고 종교계에도 심대한 영향을 미치고 있다. 특히 공예배와 회합 중심의 개신교에 코로나 사태는, '가나안 신자' 현상 말고도, 비대면 예배의 일상화라는 또 다른 위기에 직면하게 했다. 그렇지 않아도 개신교 내부에서조차 예배 세속화의 심각성에 대한 반성과 개선을 위한 다양한 시도들이 있어 왔지만 교회를 떠나는 이들의 발길을 돌리기엔 역부족이었다.

목사와 설교에 의존적인 개신교의 태생적 한계는 교회의 본질인 공동체성 함양에 걸림돌로 작용했다. 교회 기득권층(목사 추종 세력)이 '신의 영광', '교회 수호'라는 명분 아래 자행하는 배타적 행태는 교회의 주변부 신자들을 아득한 절벽으로 몰아내고 말았다. 목사의 예스맨들이 장악한 거룩한(?) 예배당의 문턱을 넘지 못한 이들은 무소부재의 신을 믿으며 오늘도 자기의 자리에서 홀로 신앙을 지키고 있다.

예배성공 인생성공

예배성공 인생 성공

개신교 예배 세속화의 근본적인 이유는 역설적이게도 예배의 '목표화'다. 개신교회에서 예배의 성공은 신앙 성공, 목회 성공과 동급으로 간주되고, 목회자들에게 예배 성공은 교회 성장의 불문율로 추앙받는다. 예배 성공에 목회와 교회의 모든 에너지를 쏟아붓는 이유다. 하지만 과유불급이라 해야 할까? 예배를 너무 잘하려 한 나머지 예배의 본질이 훼손되고 말았다.

목회학이나 예배학 교과서는 예배의 중심이 신이라고 명시한다.

그런데 과연 교회 현장은 어떨까? 설교를 비롯한 예배의 주요 의식이 '신 중심' 테제를 잘 실행하고 있을까? 프랑스 파리에 있는 어느 유명 한인 교회 예배에 처음 참여한 유학생이 예배 시작 직전까지 강단에서 팔짱 끼고 서성대며 음향과 조명 시설을 진두지휘하는 목사의 행태를 보고 다시는 그 교회를 안 나갔다고 한다. 어떤 목사는 예배의 찬양이나 기도 시간에 동참하지 않고 딴짓을 한다. 자신이 예배의 중심이라고 생각하지 않고는 보일 수 없는 작태다.

예배의 본질

예배가 '신 중심'이라는 말은 예배의 본질이 신에게 무엇을 바치는 것이라는 의미가 아니다. 기독교 경배의 원형을 보여 주는 요한계시록 '천상의 경배'(4~5장)에 의하면 예배의 본질은 '버림'이다. 보좌에 앉으신 이(하나님)를 향한 '이십사 장로들'(구약 성서의 열두 지파와 신약 성서의 열두 제자의 총합으로서 신 숭배자를 상징)의 면류관(스테파노스=상, 치적, 명예) 투척 퍼포먼스(4:10)는 신 숭배의 본질이 나의 자랑, 영광, 공로, 치적들을 버리는 '자기 부인自己否認'이라는 점을 명시한다. 예배의 성공이란 신께 무엇(시간, 물질, 노동 등)을 드림에 있지 않다. 개신교인들은 그들이 믿는 신께 예물이나 찬양을 정성껏 드리는 것을 예배의 성공으로 간주하지만 성서의 가르침은 그와 다르다.

구약 성서는 여호와의 말씀 순종보다 제물 드림에 열중한 사울 왕을 우상 숭배자로 단죄했다(사무엘상 15:22~23). 여호와는 순종보다 제물을 더 좋아하는 신이라고 간주한 것이 우상 숭배에 해당한다는 게 초대 왕 사울의 실패 사례를 기록한 이스라엘 왕조사의 증언이다. 예언자 호세아는 이방신을 숭배하고 온갖 불의와 악행을 일삼는 이스라엘 백성을 향해 제물 드림보다 신의 말씀 경청이 신의 뜻이라고 선포했다(호세아 6:6). 경청 없는 예물 바침이 공허하다는 경고는 예언자들의 단골 메시지다. 이사야는 맘 없는 바침을 반복하는 백성들을 짐승만도 못하다고 책망했다(이사야 1:3). 말씀 경청과 실행이 없는 예물 바침은 소돔 고모라의 악행과 다르지 않으므로 예물 공세로 점철된 예배를 중단하고 인애를 실천할 것을 예언자는 촉구했다(10~17절).

삶이 결핍된 예물 드림, 곧 신행불일치信行不一致의 예물 공여는 '더러운 떡', '눈먼 희생'이고(말라기 1:7~8) 여호와에 대한 불경이다(6절). 타인에게 인애를 행하지 않으면서 신께 예물을 바치는 소위 자기만족형 신자들을 향해 여호와는 예배 중단과 성전 폐쇄를 엄명한다(1:9~14; 2:13). 삶이 빠진 예배와의 단절을 공포한 것이다. 구약 성서 지혜문학의 금자탑 전도서는 신행불일치 예배의 무용론을 설파한다.

> "너는 하나님의 전에 들어갈 때에 네 발을 삼갈지어다 가까이하여 말씀을 듣는 것이 우매자의 제사 드리는 것보다 나으니 저희는 악을 행하면서도 깨닫지 못함이니라"(전도서 5:1)

구약 성서의 역사서와 예언서, 지혜서는 일관되게 신행불일치 예배를 거부한다. 경청 없는 예물 공여, 삶이 빠진 예배는 하나님에 대한 모독이며 우상 숭배와 같으므로 그에 대한 대책엔 예배 중단과 성전 폐쇄가 정답이다. 신행불일치에 대한 예수의 언설은 단호하다.

> "그러므로 예물을 제단에 드리다가 거기서 네 형제에게 원망 들을 만한 일이 있는 줄 생각나거든 예물을 제단 앞에 두고 먼저 가서 형제와 화목하고 그 후에 와서 예물을 드리라"(마태복음 5:23~24)

자신 때문에 힘들고 아파하는 이웃을 방치한 채 신을 예배하는 건 예배 중단 사유라는 걸 기독교 예배의 대상인 이가 직접 밝혔다. 구약의 여호와와 신약의 예수는 인애 없는 예배를 단호히 거부했다. 코로나 팬데믹으로 패닉 상태에 빠진 국민들을 뒤로하고 모처럼의 대면 예배 드림을 인증샷으로 기념한 그 연예인. 두 돌이 안 된 아기의 온몸에 입힌 골절상과 찰과상을 뒤로하고 교회에 가서 여호와와 예수에게 예배를 드렸던 입양모. 그리고 대면 예배 드림을 수호해서 Soli Deo Gloria(오직 신께 영광을)를 쟁취하겠다며 방역 당국을 향해 성전聖戰을 선포한 개신교 교회 시위자들. 이들이 뿜어내는 '예배주의禮拜主義' 주의注意!

11.

설교주의禮拜主義 주의:
설교의 '말씀화化' 경계

"목사의 설교가 신의 말씀으로 둔갑하는 건

그 자체로 종교 개혁 정신에 정면으로 위배된다."

설교주의禮拜主義 주의
- 설교의 '말씀화化' 경계

> "가만두어라 가라지를 뽑다가 곡식까지 뽑을까 염려하노라"
>
> -마태복음 13장 29절-

'이 교회는 말씀이 좋아서 다니기로 했어요'

개신교 신자들이 교회를 선택하는 기준은 무엇일까? 한 설문조사
에 따르면, '집과의 거리', '어린 시절부터 다녀서'라는 교회 외적 요
인을 제외하면 교회 내적 요인에 있어서 설교가 교회 선택 기준으
로 압도적 1위를 차지했다. 응답자들은 교회 건물이나 시설, 프로
그램, 찬양, 친교 등의 요인보다 목회자의 설교를 교회 선택의 첫
번째 기준으로 꼽았다. 개신교인으로 살아온 필자의 경험에 비추어
봐도 설교는 신자들이 출석교회를 결정하는 거의 절대적 기준이다.

이사 등의 부득이한 사유로
교회를 옮겨야 할 때는 물
론이고 교회에 대한 불만
으로 옮기는 경우도 대부분
설교를 기준으로 교회를 정

한다. 맘에 드는 교회를 고르기 위해 신자들은 보통 적게는 3~4개,
많게는 두 자릿수의 교회들을 순례(?)하는데 바로 그 '맘에 드는'
기준이 설교인 것이다.

　맘에 드는 설교를 찾아 교회를 순회하는 신자들, 일명 '철새 신자
들'이 양산되는 원인이 바로 설교다. 어느 교회 목사의 설교가 좋다
는 소문이 들리면 잘 다니던 교회는 토사구팽 당하기 일쑤다. 수년
또는 수십 년 쌓은 신앙의 교분도 헌신짝처럼 버리고 '좋은' 설교를
찾아 떠난다. 그리고 몇 년간 좋은 설교를 탐닉하다 '더 좋은' 설교
를 찾아 다시 순례를 떠나는 철새의 운명. 그렇게 소위 '말씀의 은
혜'를 갈망하여 이리저리 몰려다니는 철새 신자들의 군무는 교회의
영적 기상에 암운을 드리운다. 멀리 이사를 가도 말씀의 은혜(?)를
못 잊어 2시간, 3시간 거리를 마다하지 않고 달려오는 열성 신도는
일등 신자로 목사의 총애를 받고, 목사들은 이런 '장거리 이동 신
자'들을 자신의 목회와 설교 능력의 바로미터로 평가하기를 주저하
지 않는다.

　교회와 목회 현장 상황이 이렇다 보니 담임목사 청빙 기준도 설
교가 1순위다. 설교가 좋은 목사는 신도들을 많이 모으는 소위 '티
켓 파워'가 보장되기 때문이다. 설교가 좋은 목회자는 성추행 사실

이 밝혀져 법정에서 벌금형을 선고받아도 그 고귀한(?) 설교를 쏟아 낼 강단이 존치된다. 설교가 특별하면 비록 목사가 자살해도 그의 설교 영상을 틀어놓고 예배를 진행한다. 설교가 좋으면 목사의 어지간한 흠결쯤은 덮어 버리는 관행은 교회의 영적 건강성을 훼손하는 주범이다.

말씀 중심! 설교 중심?

개신교는 태생적으로 '말씀 중심'이란 신앙적 가치를 지향한다. 예전이나 종교적 윤리적 행위에 함몰된 가톨릭교회에 의해 밀봉된 성서의 봉인을 풀어 신자들에게 성서를 되돌려 준 프로테스탄트 교회는 그렇게 말씀, 곧 성서에 올인했다. Sola Scriptura(오직 성경으로)! 성서가 신앙과 삶의 유일한 기준임을 천명한 종교개혁 기치는 그런데 역설적이게도 성서의 가치를 심대하게 침해하고 말았다. '말씀 중심'이 '설교 중심', 나아가 '목사 중심'으로 변질된 것이다. 성서를 해석하고 가르치는 목사의 설교에 '말씀'의 지위가 부여됐다. 언제부터인가 교회에서 목사의 설교는 '말씀'으로 추앙받기 시작했고, 일명 '설교-말씀'은 개신교 안에서 성서와 비등한 권위를 차지해 버렸다.

목사의 설교가 신의 말씀으로 둔갑하는 건 그 자체로 종교개혁 정신에 정면으로 위배된다. 16, 17세기 유럽을 뒤흔든 종교개혁 운

중세 가톨릭교회와 세속 권력을 향해 항거의 사자후를 토하는 루터–헤르만 프뤼더만(1864년)

동은 성서의 권위를 침범한 가톨릭교회의 도그마를 향한 저항이 그
근본정신이다. 유형(성상, 성물, 사제 등)이건 무형(교리, 전승, 설
교 등)이건 성서 외의 것에 신적 권위를 부여하는 그 어떤 시도도
거부한다. 기독교의 대표 상징물인 십자가조차 프로테스탄트에겐
복음을 표방하는 기념물일 뿐이다. 그 이상의 가치를 십자가에 부
여하는 건 형상 제작을 금지한 십계명, 여호와의 형상이 없는 성소,
그리고 메시아와 관련된 그 어떤 물리적 흔적(못 박힌 골고다 언덕
십자가 형틀, 몸을 감쌌던 수의조차)도 역사에 남겨 두지 않은 신의
경륜에 배치된다. 십자가 장식물에 신적 권위를 부여하는 건 영화
〈드라큘라〉 같은 엔터테인먼트 산업이나 상업화된 미신의 단골 메
뉴에 불과하다.
　설교에 성서와 대등한 신적 권위를 부여하는 '설교주의說敎主義'

는 '설교 무흠론', 나아가 '목사 무흠론'으로 이어져 신의 계시로서의 성서의 유일성을 심각하게 훼손한다. 설교와 목사는 오류가 없을 수 없다. 그 오류를 최소화하는 게 설교의 최대 난제다. 설교자가 성서 본문의 소리를 들어야 하는 성서 이해의 기본exegesis=주해, 석의을 이탈해서 '자기 해석eisegesis'의 마수에 휘둘리는 건 개신교에서 더 이상 어제오늘 일이 아니다. 설교학의 대가 해돈 로빈슨Haddon Robinson은 설교자를 전령(헤럴드)으로 규정하고 왕의 메시지를 가감 없이 전달하는 전령처럼 성서 본문에 담긴 신의 뜻을 잘 듣고 이를 전하는 게 설교임을 갈파한 바 있다. 메시지가 드러나고 설교자는 작아져야 한다는 대가의 언명은 전령으로서의 설교자의 정체성을 밝힌다.

전령과 메시지

'왕의 명령 전달할 사자여 불멸의 소식 손에 들고서 그 소식 널리 전파하여서 대왕의 길을 곧게 닦아라'(통일찬송가 266장)

전령herald은 메시지의 전달자이지 메시지의 주체가 아니다. 전령으로부터 임금의 어명을 전달받은 백성들이 어명의 내용보다 전령에게 주목한다면 이는 반역으로 몰릴 만한 상황이다. 어명을 들은 백성이 어명을 실행하지 않거나 전령을 추종하여 백성들 사이에서 전령의 인기가 올라가는 건 어명을 잘못 전달했거나 전령의 항명 사태로 볼 수 있다. 설교가 교회 선택 및 교회 성장의 첫째 요인으로 작용하고 성서에 준하는 권위가 설교에 부여되는 설교주의 현상은 설교자를 메시지의 주체로 설정하고 설교 및 설교자에 대한 복종과 추앙을 신앙의 지고선至高善으로 가장하기에 이른다. 교회 안에서 목사와 설교에 대한 문제 제기가 용인될 수 없는 이유다.

"나는 그의 신들메 풀기도 감당치 못하겠노라"(요한복음 1:27)

"그는 흥하여야 하겠고 나는 쇠하여야 하리라"(요한복음 3:30)

메시아의 흥함을 자신의 쇠함과 대비하여 공포하는 세례 요한의 선언은 전령이 메시지의 주체일 수 없음을 천명한다. 자신이 전하는 회개의 메시지보다 전령인 자신을 주목하는 유대교 지도자들의 방문을 접한 요한은 '자기 소멸'의 길을 공포한다(요한복음 1:19~27). 메시지보다 설교자가 주목받는다면 그 설교자는 전령으로서 부적격자다. 화려한 언변과 논리적 수사로 청중을 감복시켰다 해도 청중이 메시지보다 설교자를 주목한다면 메시지가 전달됐다고 볼 수 없다.

"콘서트가 끝난 후 사람들이 송정미를 연호하고 박수하면 나는 실패한 찬양자입니다." 찬양 콘서트 때마다 자신이 주목받는 상황을 복음 가수 송정미는 이렇게 힘들어했다. "이젠 하나님이 나를 끌고 가시려나 보다." 수십 년간 찬양 사역의 외길을 걸어온 삶이 실제론 자신이 주목받는 허상의 삶이었음을 죽음의 문턱에서 깨달은 테너 박종호는 '비非 주목의 삶'으로의 전환을 이렇게 선언했다.

'할 수 있다면 난 무대에서 투명 인간이 되고 싶다. 내 음악은 음악 이지 내가 아니다.'

자신보다 자신의 음악이 주목받길 원한다는 세계적인 기타리스트 팻 메스니Pat Metheny의 고백을 설교주의에 함몰된 이들을 향한 권계 로 적용하고픈 건 필자의 지나친 자기 해석일까?

12.

성전주의聖殿主義 주의:
교회당 신성화 경계

"신이 머무는 거소가 아니라 신의
이름으로 기도하는 소리가 신께 전달되는
'플랫폼' 기능의 처소, 이것이 솔로몬이
공포한 '성전론聖殿論'이다."

성전주의聖殿主義 주의
– 교회당 신성화 경계

"하나님이 참으로 땅에 거하시리이까 하늘과 하늘들의 하늘이라도
주를 용납지 못하겠거든 하물며 내가 건축한 이 전이오리이까"

-열왕기상 8장 27절-

'성전에 모여 예배하고 기도하면 응답받습니다.' –①

'힘껏 헌금해서 성전을 지어 하나님께 드립시다.' –②

'성전 건축은 하나님께 큰 영광을 돌리는 일입니다.' –③

개신교 목회자들이 교회 예배당 건축을 독려할 때 쓰는 단골 멘트
들이다. 그런데 성서를 주의 깊게 본 사람이라면 이 멘트들이 성서
의 가르침에 맞지 않는다는 걸 어렵지 않게 알 수 있다. 먼저 멘트
①을 보자. 성전에서 기도하면 응답받는다? 틀린 말은 아니다. 그

런데 이 말은 '성전에서만 응답받는다.'로 들릴 수 있어 문제의 소지가 있다. 성전 건축의 당위성을 강조하고 신도들의 동참을 끌어내기 위해 하는 멘트 ①의 성서적 타당성을 알아보자.

성전! 신의 거소?

대부분 종교는 그들의 신 또는 교주를 위한 물리적 공간을 갖는다. 신전, 사원, 절, 교회당 등의 명칭으로 불리는 건물에서 신(또는 교주) 숭배 의식이 열리거나 신(또는 교주)의 가르침을 설파하고 공유하는 회합을 한다. 기독교를 비롯해 유대교, 이슬람교 등의 유일신 종교에서 애용되는 '성전聖殿, holy temple'이라는 명칭은 인간과 구별된 절대적인 존재를 모신다는 의미로 택용되곤 하는데 바로 이용어 사용에 문제가 있다. '성전'이란, 말 그대로 종교 시설 내 일반 시설(사무실, 식당, 숙소, 창고 등)과 다른 기능, 즉 숭배 의식 및 가르침 설파를 위한 시설로 구별된 곳이다. 문제는 기독교에서 이 성전이란 용어를 기능적 구별의 의미가 아닌 장소적 구별의 의미로 오용하는 데 있다.

성서에서 '성聖'은 '구별됨'을 의미하는데 성전이 구별된 이유는 그곳이 신을 숭배하고 신의 가르침을 설파하는 기능을 담당하기 때문이지 신이 거하는 장소이기 때문이 아니다. '장소적 구별'은 성서에서 근거를 얻지 못한다. 성전의 기능적 구별을 보여 주는 성서 본문들을 살펴보자.

"하나님이 참으로 땅에 거하시리이까 하늘과 하늘들의 하늘이라도 주를 용납지 못하겠거든 하물며 내가 건축한 이 전이오리이까"(열왕기상 8장 27절)

지혜의 왕 솔로몬이 성전 낙성식에서 올린 봉헌 기도의 한 대목이다. 부왕 다윗의 유업이면서 동시에 자신의 왕권 강화 및 정통성 확립에 결정적으로 기여할 성전 건축의 대업을 완수하여 봉헌하는 감격스러운 장면에서 솔로몬은 성전의 장소적 구별, 즉 신의 성전 거주를 부인한다. 하나님은 땅에도 하늘에도 그리고 자신이 건축한 전에도 거하지도 갇히지도 않는 소위 무소부재의 신임을 공포한 솔로몬의 이어지는 기도는 성전의 기능적 구별을 노정한다.

"종과 주의 백성 이스라엘이 이곳을 향하여 기도할 때에 주는 그

간구함을 들으시되 주의 계신 곳 하늘에서 들으시고 들으시사 사하여 주옵소서"(30절)

왕이 건축한 성전이 신의 거소居所임을 부각시켜 종교 헤게모니를 장악하고 신권神權 통치를 획책하는 게 보통의 권력자들이다. 그런데 솔로몬은 30절부터 53절까지의 기도에서 '주는 하늘에서 들으시고'를 여덟 차례(30, 32, 34, 36, 39, 43, 45, 49절) 반복하며 신의 성전 거주를 단호히 부인한다. 이어서 솔로몬은 성전의 기능이 신, 즉 하늘에 계신 이를 향한 기도와 간구를 올리는 매개체의 기능임을 밝힌다. 성전 내內 기도(31, 33절)만 아니라 성전 밖에서 성전을 향한 원거리 기도(29, 30, 35, 38, 42, 44, 48절)도 같은 효력을 갖는다고 천명함으로써 솔로몬은 성전의 기능적 구별을 강조하는 동시에 성전의 장소적 구별을 거듭 배제한다.

플랫폼 성전

신이 머무는 거소가 아니라 성전 안에서 또는 성전을 향해 신의 이름으로 기도하는 소리가 신께 전달되는 '플랫폼' 기능의 처소(기차와 승객이 플랫폼에서 만나듯 신과 기도가 만나는 처소), 이것이 솔로몬이 공포한 '성전론聖殿

論'이다. 신의 거소가 아닌 신과 기도의 매개체로서의 성전론은 성전의 전신인 성막에서도 확인된다: "속죄소를 궤 위에 얹고 내가 네게 줄 증거판을 궤 속에 넣으라 거기서 내가 너와 만나고~"(출애굽기 25:22). 모세에게 성막 제작도에 관한 계시가 주어지는 장면을 보면 성막 내 성소의 속죄소는 신과 모세가 만나는 곳으로 묘사된다. 본문 중 "만나고"는 히브리어 동사 '야아드ָ'로서 양측이 합의한 장소에 각자가 와서 만나는 정황을 의미한다. 즉, 신과 모세의 만남의 장소인 속죄소는 신이 속죄소에 거하고 모세가 신을 찾아와서 만나는 게 아니라 신과 모세 양자가 속죄소에 와서 만나는 개념이다.

성전이 신의 거소일 수 없다는 건 초기 교회의 확고한 신앙이기도 하다. 예루살렘 교회의 전도자 스데반은 유대교의 심장부 산헤드린 공회에서 행한 설교에서 "솔로몬이 그를 위하여 집을 지었느니라 그러나 지극히 높으신 이는 손으로 지은 곳에 계시지(=카토이케오, κατοικέω) 아니하시나니"(사도행전 7:47~48)라고, 이방 교회 전도자 사도 바울은 로마 정치의 심장부 아레오바고에서 행한 설교에서 "우주와 그 가운데 있는 만유를 지으신 신께서는 천지의 주재시니 손으로 지은 전에 계시지(=카토이케오) 아니하시고"(사도행전 17:24)라고 선포했다. 인간이 만든 그 어떤 것도 신의 거소가 될 수 없음을 초기 교회 대전도자들은 분명히 했다. [*"계시지"의 헬라어 동사 '카토이케오κατοικέω'는 단순히 '있다'(be)가 아니라 '거주하다'(settle, live in)라는 뜻이다] 신은 하늘에 계신다. 하지만 하늘도 땅도 그 무엇도 신을 독점할 수 없다. 성전은 신의 이름을 둔 곳일 뿐 신을 독점적으로 담아둘 수 있는 곳이 아니다.

따라서 멘트 ①이 플랫폼으로서의 성전의 기능을 언급한 것이라면 틀린 말이 아니지만 성전, 즉 개신교회의 예배당 건물이 신의 거소라는 성전의 장소적 구별을 의미한다면, 또 그렇게 오해될 소지가 있다면 멘트 ①은 지양돼야 한다. 이어지는 멘트 ②와 멘트 ③도 만약 장소적 구별을 강조하는 거라면 성서의 성전론에 위배된다. 앞에서 본 바와 같이 인공적 건물이나 장소는 신과 인간이 만나는 플랫폼 기능을 할 뿐 신의 거처일 수 없다는 게 성서의 일관된 입장이다. 그리고 멘트 ②에 있어서 성전 건축을 위한 헌물이나 헌금은 '힘껏'이 아니라 '자발적'이어야 한다. 모세의 성막과 솔로몬의 성전은 백성들이 자발적으로 기쁜 마음으로 바치는 헌물과 헌금으로 제작됐다(출애굽기 25:2; 35:20~36:7; 역대상 29:6~17). 건축헌금의 강제성이 성서의 지지를 받을 수 없는 이유다.

'성전은 신과 신자의 만남을 위한 플랫폼이지 신의 거소가 아니다'(멘트 ①). '성전 건축은 자발적이어야 한다'(멘트 ②). 이렇게 멘트 ①과 멘트 ②가 이해됐으면 멘트 ③은 자명해진다. 신의 거소로서의 성전 신앙과 이를 명분으로 한 비자발적 성전 건축은 일명 '성전주의聖殿主義' 행태로서 신을 기쁘시게 한다고 볼 수 없다.

"여자여 내 말을 믿으라 이 산에서도 말고 예루살렘에서도 말고"(요한복음 4:21)

그리심산과 예루살렘 중 참 예배 장소를 알려 달라는 수가성 여인의 물음에 대한 예수의 답변은 '건물 성전 시대'의 종식을 알림과 동시에 예수를 믿는 이들과 신과의 신앙적 만남을 토대로 건축되는

'영적 성전 시대'의 도래를 공포한다(고린도전서 12:27; 에베소서 2:21~22 참조). 인간이 만든 건물을 신의 처소라 믿고 이를 성역화하는 성전주의 주의注意!

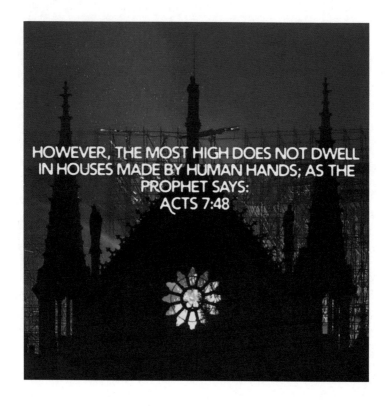

13.

은혜주의恩惠主義 주의:
불가역적 은혜론 경계

SOLA GRATIA

"구원 은혜가 취소될 수 있다는 비유의 서사를
어거스틴과 펠라기우스는 알고 있었을까?"

은혜주의恩惠主義 주의
- 불가역적 은혜론 경계

한낮의 뙤약볕 아래 힘겨운 걸음을 옮기던 필자의 눈에 아담한 가로형 현수막의 글귀가 들어왔다: "모든 것이 은혜입니다." 교횐가 하고 돌아보니 원불교 교당이었다. 교당 현관에 붙은 '은혜 심기 운동' 이란 표어는 낯선 동네에서 마주한 낯선 건물에 친근감을 느끼게 했다. 인간을 위한 신의 시혜를 뜻하는 유신론적 의미의 '은혜'란 용어를 원불교에서는 어떤 의미로 쓰는 걸까? 무신론 종교에서 은혜는 사람과 자연의 은택을 말하는 게 아닐까 생각하며 교당 뜰을 돌아 나오는데 '신의 불가역적 은혜'라는 기독교 교리가 떠올랐다.

불가역적 은혜

신의 은혜는 기독교 교리의 시작점이다. 신론, 인간론, 죄론, 구원론, 기독론으로 구성되는 제반 교리의 구심점이 신의 은혜다. '신이 그리스도를 인간의 대속물로 삼아 인간을 죄로부터 구원한다(또는 구원했다)'라는 일명 '은혜론'(또는 은총론)은 구교와 신교를 막론하고 기독교의 근간을 이루는 중심 교리다. 없으면 기독교라고 할 수 없는 그것이 바로 은혜론이다. 이토록 중요하기 때문일까? 이 교리엔 '불가역적不可逆的, irreversible'이란 수식어가 붙기도 한다. '돌이킬 수 없는', '취소되지 않는'이란 의미의 '불가역적'은 인간을 향한 신의 구원 은총이 취소되거나 무력화될 수 없다는 의미로 보통 '성도의 견인堅忍Perseverance of the Saints'이라고 통칭된다.

'한번 구원은 영원 구원once saved, eternally saved'이라는 극단적 구원론이 파생된 '견인론'은 신의 은총이 구원에 실패하거나 구원을 철회하지 않는다는 일종의 '천국 보장 교리'인 셈이다. 신자의 윤리적 방종을 초래한다는 오명에도 견인론은 은혜론의 원조 어거스틴이 주창한 이래 종교개혁을 거치며 개신교의 핵심 교리

펠라기우스와 어거스틴

(sola gratia, 오직 은혜로)로 자리매김했다. 1600여 년 전 은혜론자 어거스틴과 자유의지론자 펠라기우스의 교리 논쟁에 끼어들 생각은 없다. 인간의 구원이 100%로 신의 은혜에 달린 것이냐, 아니면 구원에 있어 인간의 의지가 일정 부분 관여된 것이냐를 놓고 혈쟁을 벌인 믿음의 용사들에게 질문이 있을 뿐이다: "존경하는 선배님들! '일만 달란트 빚진 종 비유' 좀 읽어보셨습니까?"

마태복음의 천국 비유 중 하나인 '일만 달란트 빚진 종 비유'(18:23~34, 이하 '빚진 종 비유')는 빚 탕감 및 탕감 철회라는 주제를 다루고 있다. 비유에서 임금은 일만 달란트라는 천문학적 금액의 채무(현재 시세로 약 6조 원)가 있는 종에게 빚 변제를 촉구한다. (*천문학적인 빚의 규모로 볼 때 종은 국가의 고위직 관리로 추정된다) 종의 몸은 물론이고 처자식과 전 재산을 바쳐서라도 빚을 갚으라는 추상같은 명령 앞에 종은 납작 엎드려 말미를 달라고 애걸한다. 그러자 임금은 돌연 빚 탕감을 선포하고 종을 돌려보낸다. 탕감의 이유는 종이 불쌍해서(27절). 처자식까지 바치라고 호통하던 임금이 종의 애걸을 듣고 측은지심이 발동해서 천문학적 채무를 탕감해 준 것이다.

임금의 빚 탕감을 기독교는 하나님의 은혜 베풂, 즉 대속과 구원의 은총이란 관점으로 이해한다. 빚은 인간의 죗값을, 막대한 빚의 규모는 인간이 해결할 수 없는 죄의 무게를 나타낸다. 종에게 빚 변제 능력이 없음을 확인한 임금이 빚을 셀프 변제했듯, 인간이 죗값을 해결할 수 없음을 안 하나님이 대속 제물을 통해 죗값을 대신 치르고 구원의 길을 열어주었다는 게 기존의 해석이다. 성서에 정통한 두 믿음의 선배들에게 질의하고 싶은 건 이다음 이야기, 즉 비유의 후반부와 관련이 있다. 빚진 종 비유는 전반부의 빚 탕감과 후반부의 탕감 철회로 구성되는데 후반부의 서사는 이렇다.

빚 탕감 취소와 은총 철회

빚을 탕감받은 종은 자신에게 백 데나리온의 채무가 있는 동료와 조우한다. 그런데 일만 달란트라는 막대한 빚을 탕감받았으니 그것의 60만 분의 일에 불과한 동료의 빚을 눈감아 줄 것이란 기대는 보기 좋게 빗나갔다. 동료의 멱살을 잡고 빚 변제를 강요하더니 채무 불이행죄로 구금해 버린다. 이 장면을 지켜본 다른 동료들이 임금에게 고하자 임금은 즉각 종을 소환하여 책망한 뒤 돌연 빚 탕감을 취소하고 빚을 갚을 때까지 고문하라는 명령과 함께 종을 투옥한다(34절). 탕감을 취소한다? 비유에서 빚 탕감은 대속과 구원의 은총 베풂, 즉 시혜施惠를 의미한다. 그렇다면 탕감 취소는 대속과 구원의 은총을 취소한다는 말 아닌가.

구원 은혜가 취소될 수 있다는 비유의 서사를 어거스틴과 펠라기우스는 알고 있었을까? 성서에 정통한 분들이니 모를 리 없었을 터. 그래서 의문이다. 비유의 서사 구조를 보면 주제의 무게추는 전반부가 아니라 후반부에 있다는 걸 어렵지 않게 알 수 있다. 비유의 앞뒤 문맥이 무한 용서의 당위성을 말하기 때문이다. 70번의 7번도 용서하라는 도입구(22절)와 불용不容에 대한 경고(35절) 사이에 놓인 비유의 초점이 후반부의 탕감 철회 및 처벌에 있다는 걸 어거스틴과 펠라기우스는 모르지 않았을 것이다. 그렇다면 양자 간 논쟁은 전반부의 빚 탕감이 아닌 후반부의 탕감 취소에 그 초점이 맞춰졌어야 하지 않았을까?

인간을 향한 신의 구원 은혜가 어떤 경우엔 철회될 수 있다는 비유 후반부 서사는 펠라기우스를 퇴출한 어거스틴의 후예들에겐 가히 충격적이다. 그래서 어떤 이들은 '탕감 취소는 단순한 경고일 뿐 실제 구원 은혜가 취소된다는 의미는 아니다', '이 종은 본래 버림받기로 예정됐던 사람이다'라고 강변하지만 과연 그럴까? 심판 장면이 신자들에게 바르게 살라는 경고에 불과하다? 그러면 예수는 신자들을 협박하는 건가? 있지도 않을 걸 있을 거라고 겁박이나 주는 존재가 예수인가? 아니다. 그렇지 않다. 예수의 비유는 가상假想을 전제한 경고가 아니라 미래 사건에 대한 예고다. 그리고 비유의 종은 유기遺棄 예정자가 아니다. 종은 분명히 구원의 은총을 받았고 또 받은 은총을 몰수당했다.

신의 구원 은총이 철회된다는 서사가 주는 충격파는 구원 은총이 100% 신의 주권이냐, 아니면 인간의 노력도 반영된 것이냐는 기존의 논쟁을 유야무야로 만들기에 충분하다. 구원 은총이 신의 주권이냐 아니냐는 논점은 비유에서 명확하지 않은 반면, 은총 철회는 비유의 중심 주제로 제시되고 있기 때문이다. 그런데도 두 믿음의 거물 간 논쟁은 비유 전반부의 빚 탕감에 천착하다 후반부의 탕감 취소 주제를 누락 내지는 외면하고 말았다. 신의 시혜에 경도傾倒된

'도그마 주의'를 의심하지 않을 수 없는 이유다. 은혜 편향성이 예수의 언설을 왜곡했다는 비판을 피할 수 없는 대목이기도 하다.

그런데 흥미로운 점이 있다. 빚진 종 비유에는 어거스틴과 펠라기우스가 다 있다. 비유 전반부의 빚 탕감은 전적으로 임금의 결정이지만 그 결정은 종의 만단애걸 뒤 단행됐다. 종의 애원과 이에 대한 임금의 자비심의 결합이 빚 탕감이다. 탕감 취소 역시 마찬가지다. 동료의 빚을 탕감하지 않은 종의 악행에 대한 임금의 분노로 탕감이 취소됐다. 종의 무자비와 이에 대한 임금의 분격의 결합이 탕감 취소로 이어진 것이다. 비유에서 빚 탕감과 탕감 취소는 임금의 전적인 권한이다. 신의 주권적 시혜를 주창한 어거스틴의 은혜론과 상통한다. 그런데 탕감 및 탕감 취소는 종의 행위에 의거해 결행됐다. 펠라기우스의 자유의지론을 뒷받침하는 장면이다.

두 거장이 사수한 안티 교리들이 빚진 종 비유에서 절묘한 케미로 융화하고 있다. '양측이 그렇게 싸울 일이었나'라는 의구심을 지우기 어렵다. 기독교 역사상 최고의 지성과 영성을 겸비한 복음 전도자 바울은 자신의 모든 수고와 헌신이 100% 은혜 덕분이라 선언했지만(고린도전서 15:10) 정작 자신은 그 은혜의 부적격자로 전락할 수 있음을 아프게 고백한다(고린도전서 9:27). 은혜를 받고 은혜를 전하는 자가 은혜를 망각할 수 있다는 사도의 은혜론은, 빚진 종 비유의 그 종처럼 은혜에 걸맞은 삶이 빠진 '은혜주의恩惠主義'를 향한 천상의 경계로 들려온다: "은혜받은 어거스틴과 펠라기우스의 후예들이여! 은혜주의를 주의하라!"

14.

다른 건, 다른 거다:
같음과 다름의 혼돈

자기 해석eisegesis vs. 주해exegesis

"거의 모든 설교와 주석이 두 비유를
쌍둥이 비유로 단정한다. 과연 그럴까?
두 비유는 정말 똑같은 내용,
똑같은 의미, 똑같은 교훈일까?"

다른 건, 다른 거다

- 같음과 다름의 혼돈

"또 천국은 마치 밭에 감추인 보화와 같으니…"

-마태복음 13장 44절-

"또 천국은 마치 좋은 진주를 구하는 장사와 같으니…"   -45절-

아닌 건, 아니다. 콩을 콩이라 해야지, 콩을 팥이라고 말하면 떡고
물이 떨어진다고 콩을 팥이라 할 순 없는 노릇. 초등학교 3학년 여
름방학쯤으로 기억한다. 동네 아이들과 학교 옆 개천으로 물놀이
를 갔다. 한참 자맥질하며 놀고 있는데 옆집 사는 5학년 형이 근사
한 물안경을 쓰고 있는 게 아닌가. 부러운 눈길로 쳐다봤더니 인심
쓰듯 한번 써 보란다. 가진 자의 과시용 시혜(?)였지만 맨눈 보이boy
에겐 감지덕지. 얼른 받아쓰고 신기한 물속 세계를 넋 놓고 감상한
지 채 1분이나 지났을까. 돌려달라는 채근과 함께 물안경을 강제로
벗기던 그는 전날 내린 호우로 빨라진 물살에 중심을 잃고 넘어지

면서 쥐고 있던 물안경을 놓치고 말았다. 허겁지겁 일어나서 찾으려 했지만 물안경은 이미 거센 물속으로 빨려 들어간 뒤였다.

새로 산 비싼 물안경이라며 발만 동동 구르던 그는 잠시 뒤 내게 거래를 제안한다. 자기 부모님께는 내가 잃어버린 걸로 해달란다. 그렇게만 해 주면 아이스크림 사주겠다는 달달한 보상을 얹어서. 비밀을 지킬 것이냐 진실을 지킬 것이냐…결단의 시간은 즉시 당도했다. 저녁밥을 먹고 있는데 그의 어머니로부터 전화가 왔다. 엄마에게서 수화기를 건네받는 순간, 그때까지 머릿속을 채우고 있던 아이스크림은 사라지고 난 비밀 대신 진실을 택했다. 후한이 걱정됐지만 아닌 건, 아니지 않은가. 얼마 쓰지도 않은 고가의 물안경을 잃어버린 잘못에다 거짓말 죄까지 두 배로 혼났다며 주먹을 불끈 쥔 그의 보복에 대한 두려움이 1년쯤 뒤 그가 이사를 가기 전까지 나를 괴롭혔던 기억은 지금도 또렷하다.

다시 만난 '파끝 본문', 두 비유

보복이 겁나도 아닌 건, 아닌 거다. 떡고물을 포기해야 해도 아닌 걸 맞다고 할 순 없다. 정의로운 10살 노맨no-man의 호기는 50년 가까이 지난 지금도 여전하다. 두 비유를 만난 건 20여 년 전이다. 개척 목회의 한계에 부딪혀 번아웃 증후군으로 시달리고 있을 무렵, 밭에 감춰진 보화를 우연히 만난 그 농부처럼 두 비유를 다시 만났다. 두 비유는 마태복음 13장의 '감춰진 보화 비유'(44절)와 '진주 상인 비유'(45~46절)다. 다시 만났다는 건 다시 보게 됐단 뜻이다. 다시 만나기 전까지 두 비유는 내게 '파끝 본문', 즉 파악이 이미 끝난 본문이었다: '천국은 보화나 진주처럼 값비싼 것이어서 재산을 다 처분해도 아깝지 않다. 결국 진주 상인 비유는 감춰진 보화 비유와 결국 같은 의미이다'. 신약 성서 50여 회 통독, 신학과 설교 경력 도합 10년 된 목사에게 이 정도 해석은 식은 죽 먹기(?).

그런데 다시 만난 파끝 본문은 내게 태산 같은 위용으로 나타났다. 위용만 아니라 필자의 오랜 영적 갈증을 해갈하고도 남을 진리의 폭포수가 세 구절에 불과한 본문에서 쏟아지고 있었다. 성서 통독이나 신학 공부로 풀리지 않았던 미제謎題가 두 비유와의 감격스러운 해후로 단번에 해결됐다. 결론부터 말하면 두 비유는 같은 의미가 아니었다. 기존의 주석이나 설교자들은 두 비유를 '쌍둥이 비유'라 부르고 양자 간엔 의미 차이가 없다고 해석해 왔다.

그러나 필자가 다시 만난 두 비유는 동일 내용이라고 보기엔 서로 너무도 달랐다. 헬라어 원문을 비교한 결과 두 비유는 많은 차이를 보였고, 나아가 두 비유의 차이는 신학계의 해묵은 난제인 '구원에 있어서 믿음과 행위의 관계 설정'을 완결하고 있었다. 두 비유와의 만남은 필자의 신앙과 사역에 비포와 애프터의 사건이었다. 스러져가던 열정이 회복됐고 20여 년이 지난 현재는 물론 미래의 삶과 사역의 추동력으로 두 비유가 자리하고 있다.

많은 주석과 설교는 두 비유를 쌍둥이 비유로 간주한다. '천국은 진주처럼 보화처럼 귀하니 그 무엇과도 바꿀 수 없는 천국 은혜를 어떤 희생을 치르더라도 놓치지 말라.' 설교자들은 이 정도로 설파한 후 찬송 "주

예수보다 더 귀한 것은 없네"를 부르고 설교를 끝낸다. 어떤 이들은 비유의 제목을 아예 '보화와 진주 비유'라고 정함으로써 두 비유가 동일 내용의 비유임을 전제로 해석하고 설교한다. 한 마디로 거의 모든 설교와 주석이 두 비유를 쌍둥이 비유로 단정하고 '파끝'을 선언한다. 과연 그럴까? 두 비유는 정말 똑같은 내용, 똑같은 의미, 똑같은 교훈일까?

지금부터 두 비유의 헬라어 원문 분석 결과를 바탕으로 차이점을 나열해 보겠다. 과연 두 비유는 같은 의미의 쌍둥이 비유인지 독자 여러분이 판단해 보시라. [*두 비유의 차이점과 유사점, 그리고 믿음과 행위의 관계 설정에 있어서 두 비유의 환상적인 케미에 관해서는 필자의 책《성서 휴머니즘》참조]

> "또 천국은 마치 밭에 감추인 보화와 같으니 사람이 이를 발견한 후 숨겨두고 기뻐하여 돌아가서 자기의 소유를 다 팔아 그 밭을 샀느니라"(마태복음 13:44)

> "또 천국은 마치 좋은 진주를 구하는 장사와 같으니 극히 값진 진주 하나를 만나매 가서 자기의 소유를 다 팔아 그 진주를 샀느니라"(45~46절)

두 비유의 도입부(천국은 ~와 같으니)는 천국을 각각 보화와 진주 상인에 비유한다. '진주 비유'가 아닌 '진주 상인 비유'가 맞는 이유다. 제목부터 잘 못 잡으면 이후 해석은 뻔하다. 천국을 물건에 비유한 것과 사람에 비유한 것은 엄연히 다른데 동일한 비유라고 우기면 곤란하다. 천국을 진주 상인에 비유했는데 진주에 비유했다고 억지를 부

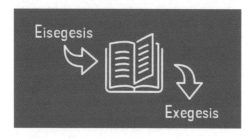

리는 건 애초부터 두 비유를 동일 비유로 간주하고 싶은 '자기 해석eisegesis'의 전형이다. 본 칼럼에서는 해석자의 선입관을 본문에 주입하는 자기 해석을 지양하고 본문에서 의미를 도출하는 '주해exegesis'를 토대로 헬라어 원문을 분석한다.

두 비유 간 차이점

도입부엔 또 하나의 중대한 차이가 있다. 보화는 감춰졌는데 진주는 감춰졌다는 말이 없다. 마태복음에서 '감추다(또는 감춰지다)'라는 표현은 천국의 은밀성을 함축하는 수식어다(11:25; 13:11, 13, 35 참조). 그러므로 '감추인'이란 수식어가 붙은 보화는 천국에 비유될 수 있지만 이 수식어가 없는 진주를 천국에 직접 대입하는 것은 마태복음의 신학에 부합하지 않는다. 45~46절이 진주 비유가 될 수 없는 또 다른 이유인 셈이다.

차이점이 한눈에 보이는 도입부와 달리 비유의 서술부는 일견 큰 차이가 없어 보인다. 과연 그럴까? 지금부터 하나하나 제시해 보겠다. 우선 두 비유에서 보화와 진주를 발견한 이들이 보인 반응에 차이가 있다. 보화를 발견한 소작농은 기뻐하며 집으로 돌아간 반면, 진주 상인은 기뻐했다는 언급이 없다. 소작농은 우연히 발견했고 상인은 의도적으로 찾아다니다 발견했으니 전자보다 후자의 경우가 기쁨이 더 크다고 볼 수 있다. 그토록 찾던 진주, 재산을 모두 처분할 만큼 귀한 진주를 만난 기쁨이 묘사되지 않았다는 것은 간과해선 안 되는 차이점이다.

서술부의 후반, 즉 발견 후의 행동을 묘사한 부분엔 더 근본적인 차이들이 있다. 두 비유에서 발견자들의 발견 후 행동은 '(집으로) 돌아가서 소유를 팔아 (밭 또는 진주를) 사다'인데 '돌아가다', '팔다', '사다' 동사의 시제 형태가 감춰진 보화 비유(이하 A)의 경우 모두 현재형인 반면, 진주 상인 비유(이하 B)에서는 세 동사가 각각 과거형, 완료형, 과거형이다. A에 있어서 발견자의 행동이 문맥상으론 과거인데 현재 동사로 표현된 건 그 행동(돌아가다 팔다 사다)이 지나간 일회성 행동이 아니라 과거 현재 미래에 반복되는 행동임을 의미한다. [동사 시제 형태의 차이와 그 의미에 관한 구체적인 설명은《성서 휴머니즘》, 358~359 참조] 발견자의 발견 후 행동이 일회적이냐 반복적이냐는 간과할 수 없는 차이점이다.

세 개의 동사와 관련해서 또 하나의 중요한 차이점이 있다. 동사 '팔다'의 헬라어에 있어 A와 B가 다르다. A의 '팔다'는 폴레오$_{\pi\omega\lambda\acute{\epsilon}\omega}$이고 B는 피프라스코$_{\pi\omega\iota\pi\rho\acute{\alpha}\sigma\kappa\omega}$이다. 두 동사 모두 팔다(sell)의 의미를 갖고 있지만 마태복음을 비롯해 신약 성서에서 두 동사의 용례를 분석해 보면 유의미한 차이가 있다. '폴레오'는 정상적인 상거래 매매 행위를 나타내는 반면(마태복음 10:29; 19:21; 21:12; 25:9; 마가복음 11:15; 누가복음 12:6; 19:45; 요한복음 2:14; 사도행전 4:34, 37; 5:1; 고린도전서 10:25; 요한계시록 13:17), '피프라스코'는 비일상적인 양도 또는 처분, 희사를 의미한다(마태복음 18:25; 26:9; 마가복음 14:5; 요한복음 12:5; 사도행전 2:45; 4:34; 5:4; 로마서 7:14).

폴레오 vs. 피프라스코

폴레오와 피프라스코의 용례가 구체적으로 어떻게 구별되는지 두 동사가 같이 등장하는 사도행전 본문을 통해 알아보자.

> "그중에 핍절한 사람이 없으니 이는 밭과 집 있는 자는 팔아(=폴레오) 그 판(=피프라스코) 것의 값을 가져다가"(4:34)

> "아나니아라 하는 사람이 그 아내 삽비라로 더불어 소유를 팔아(=폴레오) 그 값에서 얼마를 감추매…. 땅이 그대로 있을 때에는 네 땅이 아니며 판(=피프라스코) 후에도 네 임의로 할 수가 없더냐"(5:1~4)

위의 두 본문은 예루살렘 교회 성도들이 자기 재산을 처분해서 가난한 자들을 위해 헌금하는 정황을 기록한다. 본문에서 폴레오는 동산 또는 부동산을 매매하는 상황을, 피프라스코는 그 매매를 통한 '처분 행위'를 각각 의미한다. 다시 말해서, 교회 신도들이 구제를 위해 자기 재산을 희사하는 행위를 피프라스코라고 한다면 그 재산 희사를 실행하는 구체적인 매각 행위가 폴레오다. 부동산 거래를 통해 집을 매각하는 것이 폴레오이고 구제를 위한 집 희사 행위는 피프라스코인 것이다. 이와 같은 용례 차이를 두 비유에 적용하면, A의 폴레오는 소작농이 재산을 정상적 거래를 통해 매각한다는 뜻이 되고, B의 피프라스코는 상인이 진주를 얻기 위해 재산을 희사한다는 의미를 담고 있다.

지금까지 언급된 두 비유의 차이점들을 요약하면 다음과 같다.

감춰진 보화 비유	진주 상인 비유
천국≒상인(사람)	천국≒상인(사람)
은밀성 있음	은밀성 없음
발견의 기쁨 있음	발견의 기쁨 없음
현재형 동사	과거(또는 완료)형 동사
폴레오(일상적 상거래)	피프라스코(비일상적 회사)

감춰진 보화 비유: 천국=보화(사물), 은밀성 있음, 발견자 기쁨 있음, 현재형 동사, 폴레오(일상적 상거래) // 진주 상인 비유: 천국=상인(사람), 은밀성 없음, 발견자 기쁨 없음, 과거(또는 완료)형 동사, 피프라스코(비일상적 회사). 서술부와 후반부가 한 문장으로 구성된 짧은 문장 안에 다른 점이 이렇게 많은데 두 비유를 동일한 내용으로 볼 수 있을까? 위 5가지 외에 결정적인 차이점이 하나 더 있다. 혹시 독자들은 눈치챘는가? 소작농과 진주 상인이 재산을 처분해서 구매한 대상물의 성격이 전혀 다르다. 재산을 처분한 돈으로 상인은 진주를 구매했는데 소작농은 무엇을 구매했는가?

그렇다. 소작농이 구매한 것은 보화가 아니라 밭이다. 소작농은

감춰진 보화를 발견한 농부 / 값진 진주를 찾은 상인–얀 뤼켄(Jan Luyken)

밭을 구매함으로써 보화를 얻었고 상인은 진주를 직접 구매했다. 다시 말해서, 상인이나 소작농이나 재산을 처분한 건 같지만 상인은 그 처분한 돈으로 진주의 값을 치르고 진주를 구매했고 소작농은 밭의 값을 치르고 밭을 구매한 것이다. 결국 보화는 구매한 게 아니라 밭을 구매함으로 보화를 얻은 격이다. 소작농이 지불한 건 밭의 값이지 보화의 값이 아니다. 진주의 값은 지불됐고 보화의 값은 지불되지 않았다. 이게 같은가? 이렇게 뚜렷한 차이점에도 두 비유가 쌍둥이 비유란 말인가? 사람들이 두 비유를 같은 비유라고 해도 다른 건, 다른 거다. 주류 해석을 따르지 않는다고 비판이 쇄도해도 아닌 건, 아닌 거다.

성서, 인간과 세상을 만나다

초판인쇄 2023년 02월 28일
초판발행 2023년 02월 28일

지은이 김형근
펴낸이 채종준
펴낸곳 한국학술정보(주)
주 소 경기도 파주시 회동길 230(문발동)
전 화 031-908-3181(대표)
팩 스 031-908-3189
홈페이지 http://ebook.kstudy.com
E-mail 출판사업부 publish@kstudy.com
등 록 제일산-115호(2000. 6. 19)

ISBN 979-11-6983-168-0 93230